Welcome to Welsh

A 15-part Welsh course, complete in one volume,
with basic dictionary.

Heini Gruffudd, M.A.

This course appeared over three years in *Siop Siarad*,
the magazine for learners.

Argraffiad cyntaf: Ebrill 1984
First impression: April 1984
Deuddegfed argraffiad: Mehefin 1995
Twelfth impression: June 1995

Rhif Llyfr Rhyngwladol / *ISBN:* 0 86243 069 0

Argraffwyd a chyhoeddwyd yng Nghymru
gan Y Lolfa Cyf., Talybont, Ceredigion SY24 5HE;
ffôn (01970) 832 304, ffacs 832 782.
Printed and published in Wales by Y Lolfa Cyf. at the above address.

INTRODUCTION

This course is intended for people learning Welsh on their own.

The work involved would take a year or two at evening classes —so take your time.

Work thoroughly through each exercise, and master it thoroughly before going on.

Test yourself at each stage —particularly the "cover one side" sections. Do these many times until perfect.

Try to understand the picture conversations by reading them several times before looking up the translations at the back of the book.

This book is also very useful for anyone attending evening classes, as an "exerciser" and for practice in reading and translating Welsh.

HEINI GRUFFUDD

Diolch i aelodau gwasanaethau modela Abertawe am gymorth parod gyda'r lluniau (a dynnwyd gan yr awdur): Dewi Harris, Sarah Harris, Dyfrig Harris, Roderic Evans, Kathryn Evans, Jaci Thomas, Hywel Dafydd, Charlotte Dafydd, Geraint Thomas, Janet Samuel, John Harry, Gwydion Gruffudd ac Alun Thomas.

CONTENTS

PRONUNCIATION

Every letter in Welsh is pronounced – there are no silent letters as in English. Most letters have only one basic sound, which makes pronunciation simple, but you will notice that all vowels can be long or short. The accent on Welsh words is, with few exceptions, on the last but one syllable. Here is the Welsh alphabet with the equivalent English sounds:

A – as in "h*a*rd" or "h*a*m"
B – b
C – k
CH – as in "Ba*ch*" (the composer)
D – d
DD – as "th" in "*th*em"
E – as in "s*a*ne" or "s*e*lf". When it immediately follows "a", the sound is "ee"
F – v
FF – ff
G – as in "*g*arden"
NG – as in "lo*ng*"
H – as in "*h*at" (never silent)
I – as in "t*ea*" or "t*i*n"
J – j
L – l
LL – as in "*Ll*ane*ll*i". This sound does not occur in English. Place the tongue on the roof of the mouth near the teeth, as if to pronounce "l", then blow voicelessly.
M – m
N – n
O – as in "*o*re" or "p*o*nd"
P – p
PH – ff
R – r
RH – rh
S – s (as in "*s*ong"; never as in "a*s*")
T – t
TH – as in "clo*th*"
U – roughly like Welsh "i"
W – as in "b*oo*n" or "c*oo*k"
Y – as in "t*ea*" or "t*i*n" or "r*u*n"

(In Part One, the pronunciation is put in *italics*.)

N.B. Welsh vowels =
A E I O U W Y;
all the others are consonants.

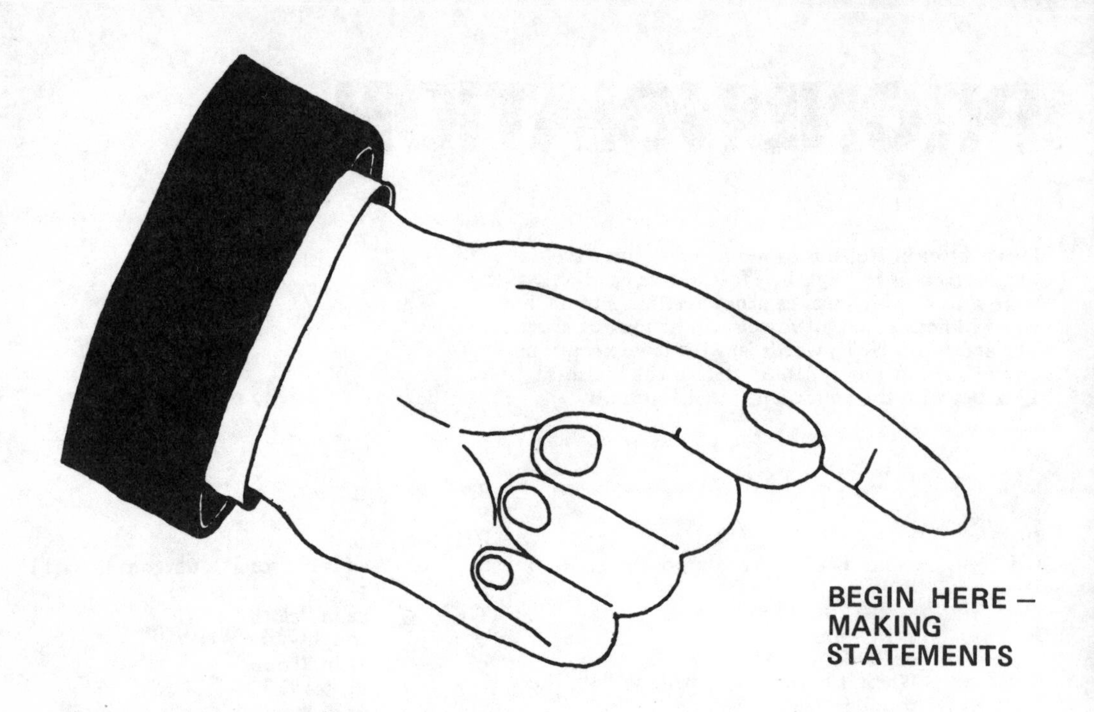

BEGIN HERE – MAKING STATEMENTS

RHAN 1: PART 1

MAKING STATEMENTS

1

Rydw i = *I am*
ruhdw ee
Rwyt ti = *You are*
rwit tee
Mae e = *He is*
mahee eh
Mae hi = *She is*
mahee hee
Mae car = *A car is*
mahee kar
Mae'r gŵr = *The husband is*
mahee'r gŵr
Mae Siân = *Siân is*
mahee Siân
Mae'r plant = *The children are*
mahee'r plant
Rydyn ni = *We are*
ruhdin nee
Rydych chi = *You are*
ruhdich chee
Maen nhw = *They are*
maheen nhw

• Ti *is used in the singular with relatives and friends.* Chi *is used in singular and plural for everyone else.*

2

'n dod = *coming*
n dôd
'n mynd = *going*
n mihnd
'n yfed = *drinking*
n uhved
'n bwyta = *eating*
n bwita
'n cael = *having*
n kaheel
'n gwneud = *doing*
n gwnéid
'n cerdded = *walking*
n kerdded
'n rhedeg = *running*
n rhedeg
'n darllen = *reading*
n darllen
'n prynu = *buying*
n pruhnee
'n gwerthu = *selling*
n gwerthee
'n glanhau = *cleaning*
n glanháee

• 'n *reverts to* yn *after consonants.*

3

ar = *on*
ahr

yn = *in*
uhn

i'r = *to the*
eer

at = *towards, at*
aht

wrth = *by*
wrth

• y *changes to* yr *before vowels* (a, e, i, o, w, y), *but after a vowel, it is always* 'r.

• *Welsh sentences start with a verb, then the pronoun or noun comes second.*

4

y tŷ = *the house*
uh tee

y gegin = *the kitchen*
uh gegin

y stafell = *the room*
uh stavell

yr ardd = *the garden*
uhr ardd

y cwpwrdd = *the cupboard*
uh cwpwrdd

y gwely = *the bed*
uh gwelee

y bwrdd = *the table*
uh bwrdd

y grisiau = *the stairs*
uh grisieh [or grisiahee]

y drws = *the door*
uh drws

y gadair = *the chair*
uh gadehr [or gadaheer]

y ffenest = *the window*
uh ffênest

5

nawr = *now*
nahwr

heno = *tonight*
hehno

heddiw = *today*
heddiw

yn gyflym = *quickly*
uhn guhvlim

yn dda = *well, good*
uhn dda

yn wael = *bad*
uhn waeel

yn araf = *slow, slowly*
uhn arav

yn ddrwg = *bad, naughty*
uhn ddrwg

yn lân = *clean*
uhn lân

yn frwnt = *dirty*
uhn vrwnt

yn gynnar = *early*
uhn guhnar

• *Welsh words are either masculine or feminine —don't mind which is which at the moment.*

NOW MAKE AS MANY SENTENCES AS YOU CAN BY JOINING THE FOLLOWING COMBINATIONS OF COLUMNS:

1 + 2; 1 + 2 + 3 + 4; 1 + 2 + 3 + 4 + 5; 1 + 2 + 5; 1 + 3 + 4; 1 + 3 + 4 + 5;

e.g. 1 + 2: Rydw i'n dod = *I am coming*
1 + 3 + 4: Mae'r gŵr yn yr ardd = *The husband is in the garden*
1 + 3 + 4 + 5: Mae e yn y gwely heno = *He is in bed tonight*
1 + 2 + 3 + 4 + 5: Rydych chi'n bwyta wrth y bwrdd nawr
= *You are eating by the table now*

COLUMN 2 CAN BE FOLLOWED BY A NOUN, BEFORE PROCEEDING WITH ANY OF THE OTHER COLUMNS:

e.g. *I am cleaning the kitchen* = Rydw i'n glanhau'r gegin

Here are more words you can use:

y llyfr = *the book*
uh lluhvr
y papur = *the paper*
uh papir
y bwyd = *the food*
uh bwid
y cwrw = *the beer*
uh kwrw

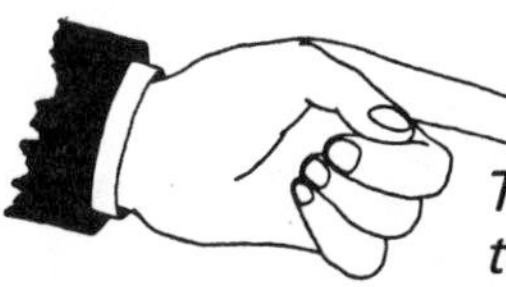

Take an evening or two to master all this before going on. —Learn the words and make sentences only when you are ready to go further. . .

ASKING QUESTIONS: REPLACE COLUMN 1 BY

Ydw i . . . ? = *Am I . . . ?*
Wyt ti . . . ? = *Are you . . . ?*
Ydy e . . . ? = *Is he . . . ?*
Ydy hi . . . ? = *Is she . . . ?*
Ydyn ni . . . ? = *Are we . . . ?*
Ydych chi . . . ? = *Are you . . . ?*
Ydyn nhw . . . ? = *Are they . . . ?*
Ydy Siân . . . ? = *Is Siân . . . ?*
Ydy'r plant . . . ? = *Are the children . . . ?*

- Ydy *is pronounced UHDEE*
- *There is no word for 'a' in Welsh —it is simply omitted.*

NOW JOIN THESE WITH OTHER COLUMNS IN SAME COMBINATION AS WITH STATEMENTS,

e.g. 1 + 2 + 5: Ydw i'n mynd heno? = *Am I going tonight?*

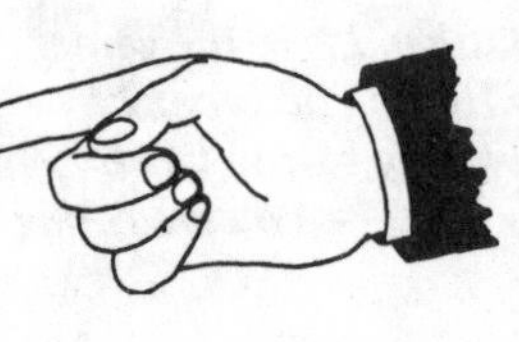

Master these before going on. –Spend an evening at it!

ANSWERS:

No = Na
Yes = Ydw (*I am*); Wyt (*You are*); Ydy (*He/She is*); Ydych (*You are*); Ydyn (*We/They are*).

Cover one side to test yourself

Rydw i yn y tŷ	*I am in the house*
Mae e yn y gegin	*It (he) is in the kitchen*
Mae Siân yn y gwely	*Siân is in bed*
Mae'r plant yn dod heno	*The children are coming tonight*
Maen nhw'n eistedd wrth y ffenest	*They are sitting by the window*
Rydyn ni'n mynd i'r gwely nawr	*We are going to bed now*
Rydych chi'n yfed cwrw	*You are drinking beer*
Ydych chi'n dod heno?	*Are you coming tonight?*
Ydw, rydw i'n dod yn gynnar	*Yes, I am coming early*
Ydyn nhw'n gwerthu'r tŷ?	*Are they selling the house?*
Ydyn. Rydyn ni'n prynu'r tŷ	*Yes. We are buying the house*
Ydych chi'n darllen y papur?	*Are you reading the paper?*
Na. Rydw i'n darllen llyfr	*No. I am reading a book*

More words for you to use:

y ferch = *the girl*
uh verch

y bachgen = *the boy*
uh bachgen

y radio = *the radio*
uh rahdio

y teledu = *the television*
uh teledee

y brws = *the brush*
uh brwsh

dillad = *clothes*
dillad

y got = *the coat*
uh got

TYWYDD
WEATHER

Mae hi'n braf = *it's fine*
Mae hi'n oer = *it's cold*
Mae hi'n dwym = *it's warm*
Mae hi'n bwrw glaw = *it's raining*
Mae hi'n bwrw eira = *it's snowing*
Mae hi'n wyntog = *it's windy*
Ydy, mae = *Yes it is*

NEGATIVE STATEMENTS:

Replace Column 1 by the following:

Dydw i ddim . . . = *I am not . . .*
Dwyt ti ddim . . . = *You are not . . .*
Dyw e ddim . . . = *He is not . . .*
Dyw hi ddim . . . = *She is not . . .*
Dydyn ni ddim . . . = *We are not . . .*
Dydych chi ddim . . . = *You are not . . .*
Dydyn nhw ddim . . . = *They are not . . .*

Dyw Siân ddim . . . = *Siân is not . . .*
Dyw'r plant ddim . . . = *The children are not . . .*

NOW JOIN THESE to the combinations already shown. MASTER ALL THIS FOR AN EVENING BEFORE GOING ON:

e.g. 1 + 3 + 4: Dydw i ddim yn yr ardd = *I'm not in the garden.*

Cover one side to test yourself

Dydw i ddim yn mynd heno	*I am not going tonight*
Dyw hi ddim yn braf heddiw	*It's not fine today*
Dydyn ni ddim yn mynd i'r ardd	*We are not going to the garden*
Dyw Huw ddim wrth y drws	*Huw isn't by the door*
Dydw i ddim yn y gegin	*I'm not in the kitchen*
Dydyn nhw ddim yn gwerthu'r car	*They are not selling the car*
Dydych chi ddim yn yfed	*You're not drinking*

More verbs:

gallu = *to be able to, can*
gallee
hoffi = *to like*
hoffee
moyn = *to want*
moeen

Ydych chi'n hoffi coffi? = *Do you like coffee?*
Ydych chi'n moyn cwrw? = *Do you want beer?*

These can be followed by other verbs, e.g.

Rydw i'n gallu mynd = *I can go.*
Dydw i ddim yn gallu dod = *I can't come.*

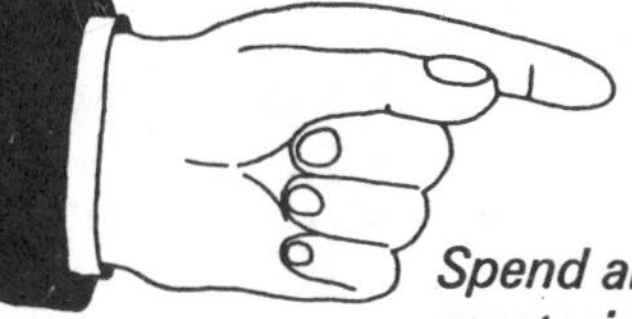

Spend an evening mastering this before going on.

Ask more questions:

Ble? = *Where?*
blêh

Sut? = *How?*
sit

Use these before Column 1,
e.g. Ble maen nhw'n mynd heno? = *Where are they going tonight?*
Sut mae e'n dod? = *How is he coming?*

Beth? = *What?*
bêth

Use this before Column 1, but omit initial 'r', e.g.

Beth ydych chi'n gwerthu? = *What are you selling?*

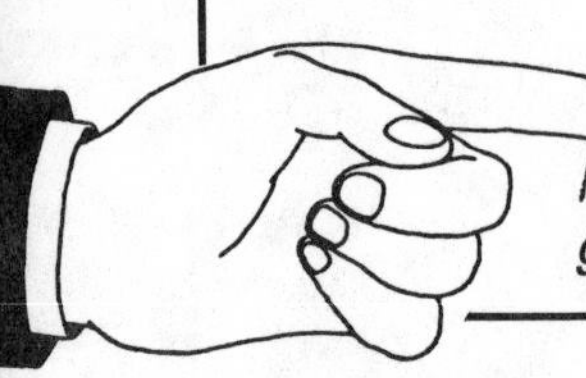

Master these before going on.

More verbs:

gweld = *to see*
gweld

clywed = *to hear*
kluhwed

credu = *to believe*
kredee

More nouns:

y dyn = *the man*
uh deen

y wraig = *the wife* (s.m)
uh wraheeg

y fenyw = *the woman* (s.m)
uh vehniw

coming - yn dod

to hear a car coming =
clywed car yn dod

to see a bus go(ing) =
gweld bws yn mynd

bod = *that*
bôd

Rydw i'n credu bod car yn dod =
I believe that a car is coming

Ble rydych chi'n mynd heddiw?	*Where are you going today?*
Beth ydych chi'n moyn prynu?	*What do you want to buy?*
Sut maen nhw'n mynd?	*How are they going?*

No'n with eisiau

MASTER THIS BEFORE GOING ON. You now have the basis of spoken Welsh, and past and future tenses will be built on this foundation. So learn it well!

Gwerthu Brwsus

(Selling Brushes)

GEIRFA – VOCABULARY

noswaith dda = *good evening*
brwsys = *brushes*
dewch mewn = *come in!*
golchi = *wash*
carped = *carpet*
edrych = *look*
edrychwch = *look!*
iawn = *very*
da iawn = *very well*
grisiau = *stairs*
i = *for (or to)*
y brws yma = *this brush*
gwaith = *work*
hyfryd = *lovely*
a = *and*
stafell wely = *bedroom*
sebon = *soap*
lwcus = *lucky*
ond = *but*
wedi blino = *tired*
wedi = *have, has*
gweithio = *to work*
yn galed = *hard*
dewch = *come!*
hefyd = *also, as well*
yn dwym = *warm*
daro = *damn*
ewch = *go!*
mas = *out*
o = *of*
gwybod = *to know*
gwisgo = *to dress, wear*
gwisgwch = *wear!*
ateb = *to answer*
shwmae = *hello, how are you?*
siop = *shop*
hwyl! = *so-long!*
te = *tea*
y-yma = *this*

Gwerthu Brwsus

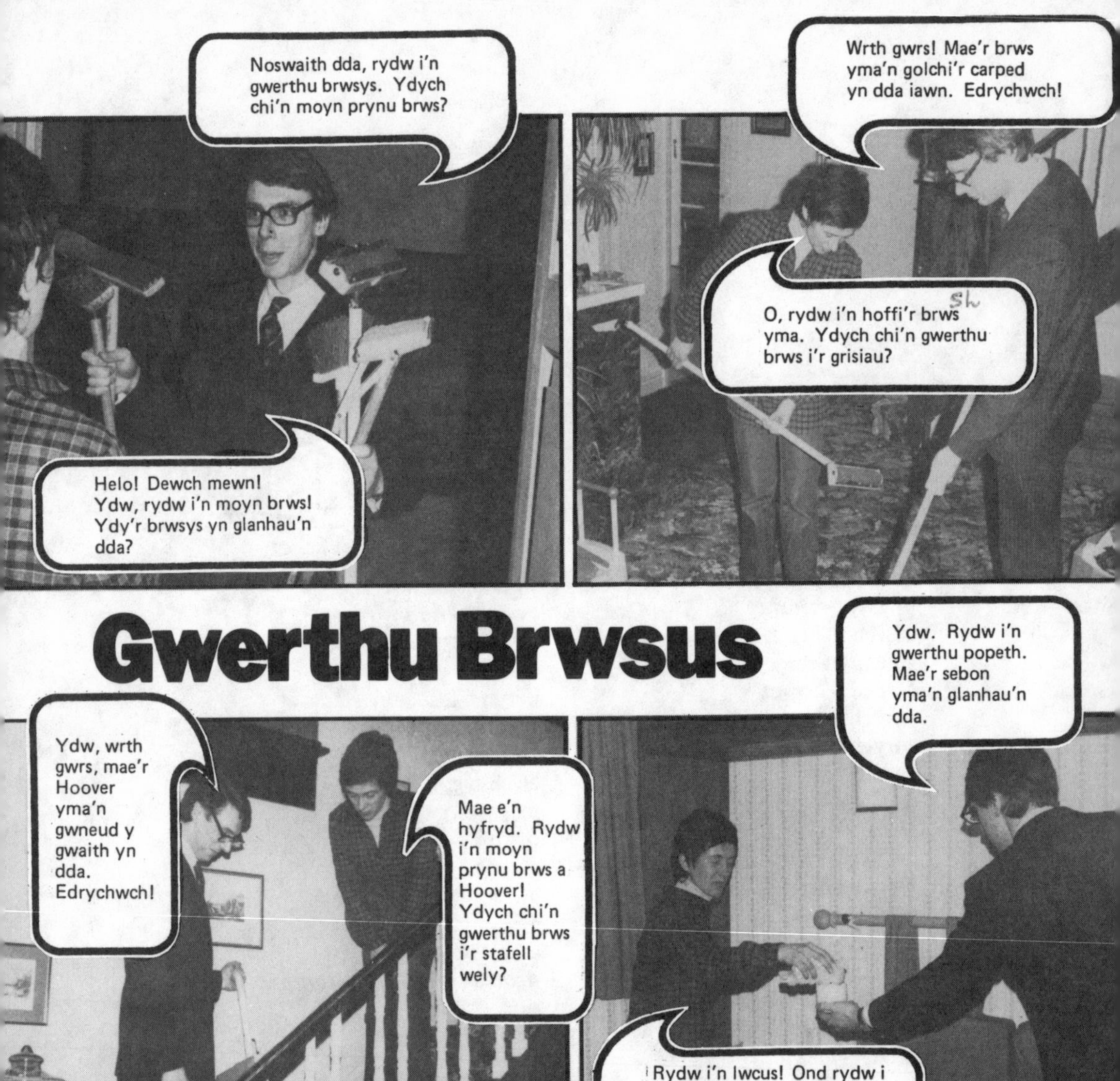

Rydw i wedi blino nawr hefyd. Mae hi'n dwym yn y gwely, ac rydych chi'n d . . .
Hei! Rydw i'n clywed car yn dod. Mae'r gŵr yn dod —rydw i'n mynd i'r ffenest i edrych.

O daro. Mae'r car wrth y tŷ — codwch. Ewch mas o'r gwely. Ble mae'r dillad? Daro, dyw'r dillad ddim wrth y gwely, beth ydyn ni'n gallu gwneud? Ble rydych chi'n gallu mynd?

A, rydw i'n gwybod, rydw i'n mynd i'r cwpwrdd. Gwisgwch y got yma.
Ewch, yn gyflym. Mae'r gŵr wrth y drws. Rydw i'n mynd i ateb y drws nawr. Hwyl!

Shwmae, Dai? Rwyt ti'n gynnar. Neis iawn —rydw i'n gwneud te nawr. Ewch i'r siop i brynu'r papur.
Mae'r papur yn y bag Siân. Ond rydw i wedi blino. Rydw i'n mynd i'r gwely nawr.

RHAN 2

(CONVERSATION) GWERTHU TOCYNNAU (Selling Tickets)

Cover one side to test yourself

Alun:	Noswaith dda!	*Good evening!*
Siân:	Shwmae heno? Croeso! Dewch i mewn.	*How are you tonight? Welcome! Come in.*
Alun:	Diolch yn fawr.	*Thank you.*
Siân:	Dewch i'r gegin –rydw i'n gwneud te.	*Come to the kitchen –I'm making tea.*
Alun:	Ydych chi'n gweithio'n galed?	*Are you working hard?*
Siân:	Na, ond rydw i wedi blino.	*No, but I am tired.*
Alun:	Rydw i'n gwerthu . . .	*I'm selling . . .*
Siân:	O na, dydych chi ddim yn gwerthu brwsys?	*Oh no, you're not selling brushes?*
Alun:	Na, rydw i'n gwerthu tocynnau.	*No, I'm selling tickets.*
Siân:	Tocynnau i beth?	*Tickets for what?*
Alun:	Tocynnau i Noson Gawl a Chân yn y Lamb & Flag.	*Tickets for a Soup and Song Evening in the Lamb & Flag.*
Siân:	Noson mewn tafarn! Rydych chi'r dynion yn yfed bob nos.	*An evening in a pub! You men are drinking every night.*
Alun:	Ond rydyn ni'n yfed cawl yn y Noson Gawl a Chân.	*But we're drinking soup in the Soup and Song Evening.*
Siân:	Faint yw'r tocyn?	*How much is the ticket?*
Alun:	Mae'r tocyn yn costio punt.	*The ticket costs a pound.*
Siân:	Punt?	*A pound?*
Alun:	Ie, . . . ac mae'r bar ar agor tan un o'r gloch.	*Yes, . . . and the bar is open till one o'clock.*

WEDI –HAVE/HAS

To change a sentence from the present tense to the perfect (using HAVE or HAS in English), you simply replace "yn" by "wedi". This is far easier than in English where you also have to change the verb at the end as well:

The boy is going =
Mae'r bachgen yn mynd
The boy has gone =
Mae'r bachgen wedi mynd

Cover one side to test yourself

Rydw i wedi mynd	*I have gone*
Rwyt ti wedi mynd	*You have gone*
Mae e wedi mynd	*He has gone*
Mae hi wedi mynd	*She has gone*
Rydyn ni wedi mynd	*We have gone*
Rydych chi wedi mynd	*You have gone*
Maen nhw wedi mynd	*They have gone*
Mae'r ferch wedi mynd	*The girl has gone*
Mae'r brwsys wedi mynd	*The brushes have gone*
Mae Alun wedi mynd	*Alun has gone*

To change these sentences into the negative –to say that something hasn't been done, just put DDIM before WEDI. (Remember that you also change the first letter to D):

Dydw i ddim wedi mynd	*I haven't gone*
Dwyt ti ddim wedi mynd	*You haven't gone*
Dyw e ddim wedi mynd	*He hasn't gone*
Dyw hi ddim wedi mynd	*She hasn't gone*
Dydyn ni ddim wedi mynd	*We haven't gone*
Dydych chi ddim wedi mynd	*You haven't gone*
Dydyn nhw ddim wedi mynd	*They haven't gone*
Dyw'r ferch ddim wedi mynd	*The girl hasn't gone*
Dyw'r brwsys ddim wedi mynd	*The brushes haven't gone*

ASKING QUESTIONS

Cover one side to test yourself

Question		Answers: NO	YES
Ydw i wedi gweld y ffilm?	*Have I seen the film?*	NA	YDYCH (*Yes you have*)
Wyt ti wedi darllen y llyfr?	*Have you read the book?*	NA	YDW (*Yes I have*)
Ydy e wedi sgrifennu'r llythyr?	*Has he written the letter?*	NA	YDY (*Yes he has*)
Ydy hi wedi golchi'r llestri?	*Has she washed the dishes?*	NA	YDY (*Yes she has*)
Ydyn ni wedi cael tocyn?	*Have we had a ticket?*	NA	YDYN (*Yes we have*)
Ydych chi wedi gwneud brecwast?	*Have you made breakfast?*	NA	YDW (*Yes I have*)
Ydyn nhw wedi gorffen cinio?	*Have they finished dinner?*	NA	YDYN (*Yes they have*)
Ydy'r ferch wedi dal y bws?	*Has the girl caught the bus?*	NA	YDY (*Yes she has*)
Ydy'r plant wedi mynd i'r gwely?	*Have the children gone to bed?*	NA	YDYN (*Yes they have*)

Some phrases

ond = *but*
bob nos = *every night*
bob dydd = *every day*
heno = *tonight*
bore 'ma = *this morning*
prynhawn 'ma = *this afternoon*
wythnos 'ma = *this week*
neithiwr = *last night*
heddiw = *today*

USEFUL OPENERS

Ble rydych chi'n byw?	*Where do you live?*
O ble rydych chi'n dod?	*From where do you come?*
Ydych chi'n dod yma'n aml?	*Do you come here often?*
Beth ydych chi'n moyn?	*What do you want?*
Alun ydw i	*I'm Alun*
Pwy ydych chi?	*Who are you?*

HELLO!

Shwmae = *hello*
bore da = *good morning*
nos da = *good night*
noswaith dda = *good evening*
prynhawn da = *good afternoon*
pob hwyl = *so long*

MORE QUESTIONS:

Pryd? /When?
Just put it before ordinary verbs:
Pryd rydych chi'n dod? *When are you coming?*

Faint? /How Much?
Put it before verbs without 'r':
Faint ydych chi wedi yfed? *How much have you drunk*

Pwy sy'n gwybod ... Who knows ...

Two verbs using 'AR' (on)

gwrando ar = *listen to*
edrych ar = *look at*
Rydw i wedi gwrando ar y radio = *I have listened to the radio*
Rydyn ni wedi edrych ar y teledu = *We have looked at television*
Ydych chi wedi edrych ar y teledu heno? = *Have you watched television tonight?*

IE/NAGE
If the question begins with a noun or phrase (instead of a verb), and this is often done to emphasise that noun or phrase, the answer 'yes' is always IE and the answer 'no' is always NAGE:

Punt yw'r tocyn? –Ie
(Is the ticket a pound or *is it a pound the ticket is? –Yes)*
Ar y bwrdd y mae'r bwyd? –Nage
(Is it on the table that the food is? –No)

COMMANDS
When talking to friends or children add 'A' to the stem of the verb:

Coda! = *Get up!*
Yfa! = *Drink!*
Edrycha! = *Look!*
Gwranda! = *Listen!*

When talking to everyone else, add 'WCH' to the stem of the verb:

Codwch!
Yfwch!
Edrychwch!
Gwrandwch!

More of this next lesson

ATEBWCH Y CWESTIYNAU (Answer the questions)

1. Ydych chi wedi mynd i'r gwaith heddiw?
2. Beth ydych chi wedi gwneud heddiw?
3. Pryd rydych chi wedi codi bore 'ma?
4. Ydych chi wedi darllen y papur heddiw?
5. Ydych chi wedi edrych ar y teledu heddiw?
6. Ydych chi wedi gweithio'n galed heddiw?
7. Faint ydych chi wedi yfed neithiwr?
8. Beth ydych chi wedi yfed heno?
9. Ydych chi wedi cael brecwast bore 'ma?
10. Beth ydych chi wedi bwyta heddiw?

MORE OPENERS:

Beth yw'ch enw chi? *What's your name?*
Beth yw'ch gwaith chi? *What's your work?*
Ble rydych chi'n gweithio? *Where do you work?*
Ydych chi ar y clwt? *Are you on the dole?*
Ydych chi'n hoffi . . . *Do you like . . . ?*

Problem y Ffens

(The problem of the fence)

GEIRFA

bwydo = *to feed*
smwddio = *to iron*
gobeithio bod = *I hope*
rhywun = *someone*
galw = *call*
ymgeisydd = *candidate*
etholiad = *election*
pleidleisio = *to vote*
gwragedd tŷ = *housewives*
buwch = *cow*
buchod = *cows*
trwy = *through*
trwsio = *to mend*
fan hyn = *here*
popeth = *everything*
iawn = *all-right*
neidio = *jump*
gallu = *to be able to*
dioddef = *suffer*
unwaith eto = *once again*
dros Gymru = *for Wales*

Problem y Ffens

Mae buchod wedi dod trwy'r cae fan hyn.
Dim problem —rydw i'n gallu setlo'r broblem yma mewn munud.
DAWN RAIDS CONDEMNED
Mae popeth yn iawn nawr —rydw i wedi trwsio'r ffens, a dyw'r buchod ddim yn gallu dod trwy'r ffens nawr.

Dyw e ddim yn gwybod bod buchod yn gallu neidio dros y ffens.

Aaaaargh! Dydw i ddim yn hoffi buchod. Rydw i'n dioddef dros Gymru unwaith eto!

RHAN 3

DAI'N DOD ADRE (Dai coming home)

Siân:	Shwmae Dai! Rwyt ti wedi dod adre'n gynnar.	*Hello! You've come home early.*
Dai:	Rydw i wedi blino. Rydw i wedi gweithio'n galed.	*I'm tired. I've worked hard.*
Siân:	Beth wyt ti wedi gwneud yn y gwaith?	*What have you done at work?*
Dai:	Rydw i wedi sgrifennu llythyrau, a ffonio. Beth wyt ti wedi gwneud heddiw, Siân?	*I've written letters, and phoned. What have you done today, Siân?*
Siân:	Rydw i wedi gweithio'n galed hefyd. Rydw i wedi smwddio, bwydo'r babi, golchi'r llestri a brwsio'r llawr. O ie, mae ymgeisydd Plaid Cymru wedi galw.	*I've worked hard as well. I have ironed, fed the baby, washed the dishes and brushed the floor. O yes, the Plaid Cymru candidate called.*
Dai:	Da iawn. Wyt ti wedi dweud am y ffens?	*Very good. Did you say about the fence?*
Siân:	Ydw, wrth gwrs.	*Yes, of course.*
Dai:	Beth mae e wedi gwneud am y ffens?	*What did he do about the fence?*
Siân:	Mae e wedi trwsio'r ffens.	*He has repaired the fence.*
Dai:	Chwarae teg! Rydw i'n mynd i bleidleisio i Blaid Cymru yn yr etholiad.	*Fair play! I'm going to vote for Plaid Cymru in the election.*
Siân:	(yn meddwl) Mae e'n gallu cusanu'n dda hefyd . . .	*(thinking) He can kiss well too . . .*

COMMANDS:

As mentioned last lesson, add 'A' to the stem of a verb when talking to friends, children and animals. Add 'WCH' to the stem when talking to everyone else, or more than one at a time.

How do we find the stem of a verb?

Verbs ending in 'u' drop the 'u'

Cysgu	Cysga	Cysgwch

Verbs ending in 'o' drop the 'o'

Ffonio	Ffonia	Ffoniwch

Verbs ending in 'ed' drop the 'ed'

Cerdded	Cerdda	Cerddwch

Other verbs can vary, some not dropping any letters at all. Others are irregular. Here is a list of awkward ones.

Verb	**Family/ Friends**	**Others**
Mynd	cer	ewch
Dod	dere/tyrd	dewch
Gwneud	gwna	gwnewch
Rhoi	rho/rhoia	rhowch
Bwyta	bwyta	bwytwch
Mwynhau *(enjoy)*	mwynha	mwynhewch
Eistedd *(sit)*	eistedda	eisteddwch
Edrych *(look)*	edrycha	edrychwch
Gadael *(leave, let)*	gad	gadewch

TEST YOURSELF WITH THESE: COVER ONE SIDE

	Family/Friends	**Others**
Go to bed!	Cer i'r gweiy!	Ewch i'r gwely!
Come quickly!	Dere'n gyflym!	Dewch yn gyflym!
Make the food!	Gwna'r bwyd!	Gwnewch y bwyd!
Drink the wine!	Yfa'r gwin!	Yfwch y gwin!
Sit on the soffa!	Eistedda ar y soffa!	Eisteddwch ar y soffa!
Look at the paper!	Edrycha ar y papur!	Edrychwch ar y papur!
Leave the food!	Gad y bwyd!	Gadewch y bwyd!
Wash the dishes!	Golcha'r llestri!	Golchwch y llestri!
Come on!	Dere ymlaen ('mlân)!	Dewch ymlaen ('mlân)!
Bring the cups!	Dere â'r cwpanau!	Dewch â'r cwpanau!

MORE QUESTIONS:

Pwy sy? = *Who is* Beth sy? = *What is?*

This is the first time for us to see the word 'sy', meaning 'is'. So far, we've used 'mae' for 'is'. When is 'sy' used? Usually when you want to emphasise who is doing something. Or when you want to emphasise that something is in a particular place. To get answers such as "Newyddion sy ar y teledu" we ask "Beth sy ar y teledu?" To get answers such as "Huw sy ar y teledu" we ask "Pwy sy ar y teledu?"

Huw sy'n canu = *It is Huw who is singing*
Mae Huw yn canu = *Huw is singing*
Bara sy ar y plât = *It is bread that's on the plate*
Mae bara ar y plât = *There's bread on the plate*
Newyddion sy ar y teledu = *It's news that's on television*
Mae newyddion ar y teledu = *There's news on television*

O'R GLOCH *O'CLOCK*

It is one o'clock = Mae hi'n un o'r gloch

(more of this next lesson)

TEST YOURSELF: COVER ONE SIDE

Who is on television?	Pwy sy ar y teledu?
What's on the radio?	Beth sy ar y radio?
Who's at the door?	Pwy sy wrth y drws?
Who's calling?	Pwy sy'n galw?
Who has come?	Pwy sy wedi dod?
Who's going to dry the dishes?	Pwy sy'n mynd i sychu'r llestri?
What's for dinner today?	Beth sy i ginio heddiw?
What's in the cinema tonight?	Beth sy yn y sinema heno?

FOR NEGATIVE QUESTIONS, PUT 'DDIM' AFTER 'SY'

Test yourself again:

Who's not coming?	Pwy sy ddim yn dod?
Who hasn't finished eating?	Pwy sy ddim wedi gorffen bwyta?
Who hasn't gone to bed?	Pwy sy ddim wedi mynd i'r gwely?
What's not on the table?	Beth sy ddim ar y bwrdd?

Cover one side to test yourself:

Huw sy ddim yn dod.	*It's Huw who isn't coming.*
Y plant sy ddim wedi gorffen bwyta.	*It's the children who haven't finished eating.*
Siân sy ddim wedi mynd i'r gwely.	*It's Siân who hasn't gone to bed.*
Y bara sy ddim ar y bwrdd	*It's the bread that isn't on the table.*

ATEBWCH Y CWESTIYNAU:

1. Pwy sy wedi golchi llestri brecwast heddiw?
2. Beth sy ar y teledu heno?
3. Pwy sy'n darllen y newyddion heno?
4. Beth sy ar y bwrdd yn y gegin?
5. Pwy sy wedi codi'n gynnar heddiw?
6. Beth sy yn y sinema heno?
7. Pwy sy wedi prynu *Siop Siarad*?
8. Pwy sy'n gwneud swper heno?
9. Pwy sy'n actio yn y ffilm ar y teledu heno?
10. Beth sy ar y teledu am wyth o'r gloch?

DYDDIAU'R WYTHNOS
(DAYS OF THE WEEK)

Dydd Sul – *Sunday*
Dydd Llun – *Monday*
Dydd Mawrth – *Tuesday*
Dydd Mercher – *Wednesday*
Dydd Iau – *Thursday*
Dydd Gwener – *Friday*
Dydd Sadwrn – *Saturday*

A, AN

There is no word in Welsh for "an", so you just leave it out

A book = llyfr
A boy is coming = Mae bachgen yn dod
I'm driving a car = Rydw i'n gyrru car

Penblwydd hapus!	*Happy birthday!*
Nadolig Llawen!	*Merry Xmas!*
Blwyddyn Newydd Dda!	*Happy New Year!*
Llongyfarchiadau!	*Congratulations!*

can diolch – Many thanks

RHIFAU
(NUMBERS)

1 – un
2 – dau, dwy*
3 – tri, tair*
4 – pedwar, pedair*
5 – pump
6 – chwech
7 – saith
8 – wyth
9 – naw
10 – deg
11 – un-deg-un
12 – un-deg-dau
etc
20 – dau-ddeg
21 – dau-ddeg-un
etc
30 – tri-deg
etc
40 – pedwar-deg
50 – pum-deg
60 – chwe-deg
70 – saith-deg
80 – wyth-deg
90 – naw-deg
100 – cant
200 – dau-gant
300 – tri-chant
400 – pedwar-cant
500 – pum-cant
600 – chwe-chant
700 – saith-cant
800 – wyth-cant
900 – naw-cant
1000 – mil

***Used before feminine nouns**

NOUNS after numbers in Welsh are always SINGULAR.

Edrych ar y Teledu

(Looking at TV)

GEIRFA

edrych ymlaen at = *look forward to*
ers = *for, since*
oergell = *fridge*
hanner y botel = *half the bottle*
does dim ots = *it doesn't matter*
gwin = *wine*
gwyn = *white*
brys = *hurry*
diwethaf = *last*
digon = *enough*
tŷ bach = *toilet*
rhaglen = *programme*
rhaglenni = *programmes*
unig = *only*
newyddion = *news*
roedd = *was*
mil = *thousand*
pobl = *people*
trwydded = *licence*
iawn = *right*
bant = *off*
yn ddiweddarach = *later*
llys = *court*
torri = *break*
y gyfraith = *the law*
dirwy = *fine*
dysgwr = *learner*
dysgwyr = *learners*

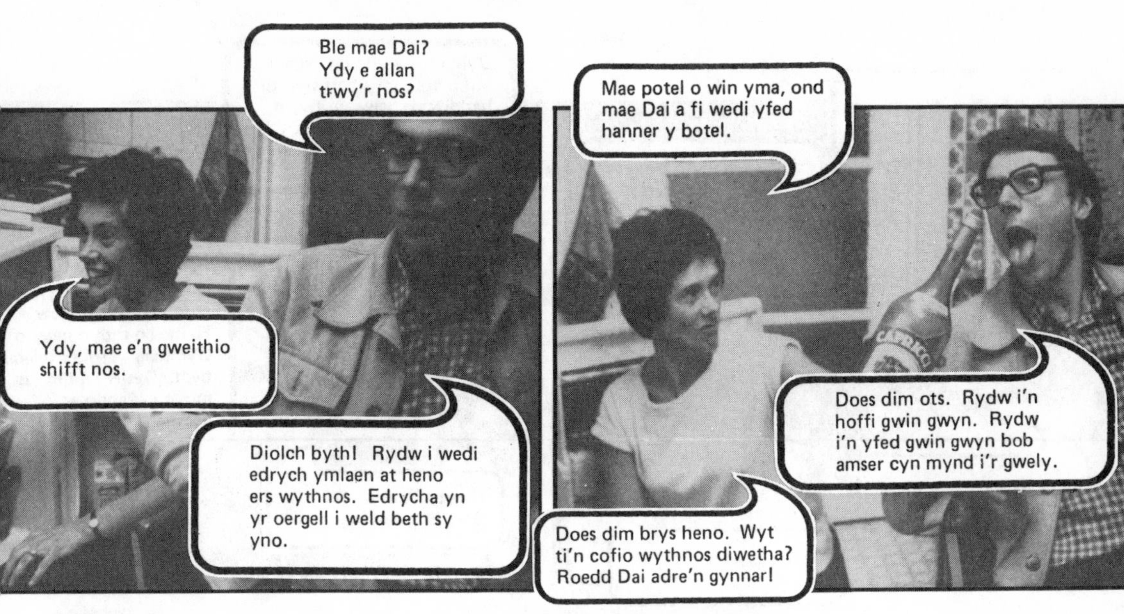

Edrych ar y Teledu

Beth sy ar y teledu heno?
Ffilm am wyth o'r gloch, ond does dim rhaglen Gymraeg ar y teledu. Y newyddion yw'r unig raglen Gymraeg.
Beth sy ar y newyddion?
Gwranda!

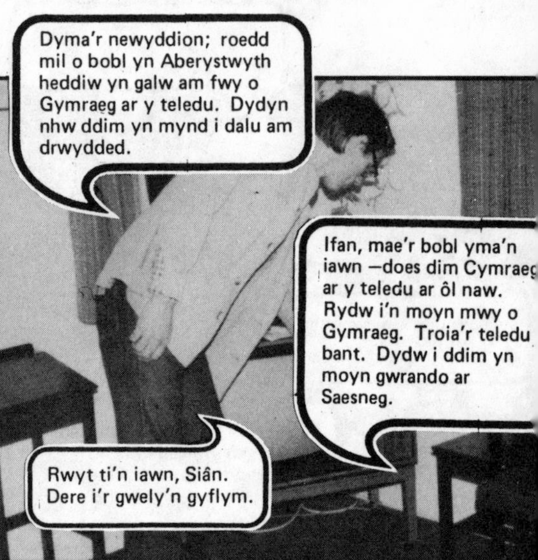
Dyma'r newyddion; roedd mil o bobl yn Aberystwyth heddiw yn galw am fwy o Gymraeg ar y teledu. Dydyn nhw ddim yn mynd i dalu am drwydded.
Ifan, mae'r bobl yma'n iawn —does dim Cymraeg ar y teledu ar ôl naw. Rydw i'n moyn mwy o Gymraeg. Troia'r teledu bant. Dydw i ddim yn moyn gwrando ar Saesneg.
Rwyt ti'n iawn, Siân. Dere i'r gwely'n gyflym.

TRI MIS YN DDIWEDDARACH YN Y LLYS.
Dydych chi, Siân Huws, ddim wedi talu am drwydded. Rydych chi wedi torri'r gyfraith. Rydych chi'n mynd i dalu dirwy. Rydw i'n rhoi dirwy o £50.

Dydw i ddim yn mynd i dalu dirwy. Dydw i ddim yn moyn Saesneg ar y teledu bob nos. Rydw i'n moyn mwy o Gymraeg. Rydw i'n moyn rhaglenni Cymraeg i ddysgwyr. Does dim rhaglenni Cymraeg i ddysgwyr ar y teledu nawr . . .

RHAN 4

AR Y TELEDU (On TV)

Siân:	Beth sy ar y teledu heno, Dai?	*What's on television tonight, Dai?*
Dai:	Mae newyddion am saith o'r gloch.	*There's news at seven o'clock.*
Siân:	Dydw i ddim eisiau gweld y newyddion. Pryd mae'r ffilm?	*I don't want to see the news. When is the film?*
Dai:	Mae'r ffilm am ddeg o'r gloch.	*The film is at ten o'clock.*
Siân:	Pwy sy'n actio yn y ffilm?	*Who's acting in the film?*
Dai:	Mae actorion da iawn yn actio yn y ffilm –Rydw i eisiau gweld y ffilm hefyd.	*There are good actors acting in the film –I want to see the film as well.*
Siân:	Pwy yw'r actorion, Dai?	*Who are the actors, Dai?*
Dai:	O, rhai da iawn o America, Ffrainc a Sweden.	*O, good ones from America, France and Sweden.*
Siân:	Rhoia'r papur i fi. O Raquel Welsh, Brigette Bardot . . . o, rydw i wedi gweld y ffilm yma o'r blaen.	*Give the paper to me. O, Raquel Welch, Brigette Bardot . . . o, I've seen this film before.*
Dai:	Ond dydw i ddim wedi gweld y ffilm.	*But I haven't seen the film.*
Siân:	Dydy'r ffilm ddim yn dda iawn –dere i'r dafarn gyda fi.	*The film isn't very good –come to the pub with me.*

MAE HI'N = *IT IS*
O'R GLOCH = *O'CLOCK*
Mae hi'n un o'r gloch = *It is one o'clock*
Mae hi'n chwech o'r gloch = *It is six o'clock*
Mae hi'n saith o'r gloch = *It is seven o'clock*
Mae hi'n wyth o'r gloch = *It is eight o'clock*
Mae hi'n naw o'r gloch = *It is nine o'clock*
Mae hi'n unarddeg o'r gloch = *It is eleven o'clock*

AFTER **MAE HI'N** *some letters change:* d → dd, t → d, p → b, (see p. 64)
Thus we get the following phrases:
Mae hi'n **dd**au o'r gloch = *It is two o'clock*
Mae hi'n **d**ri o'r gloch = *It is three o'clock*
Mae hi'n **b**edwar o'r gloch = *It is four o'clock*
Mae hi'n **b**ump o'r gloch = *It is five o'clock*
Mae hi'n **dd**eg o'r gloch = *It is ten o'clock*
Mae hi'n **dd**euddeg o'r gloch = *It is twelve o'clock*

ASK THE TIME

Faint o'r gloch yw hi? = *How much o'clock is it?*
or
Beth yw'r amser? = *What is the time?*

HALF PAST

Mae hi'n hanner awr wedi = *It's half past*
Mae hi'n hanner awr wedi tri = *It's half past three*

QUARTER PAST

Mae hi'n chwarter wedi = *It's quarter past*
Mae hi'n chwarter wedi pump = *It's quarter past five*

QUARTER TO

Mae hi'n chwarter i = *It's a quarter to*
Mae hi'n chwarter i ddeg = *It's a quarter to ten*
SAME LETTERS CHANGE AS AFTER MAE HI'N

IS THERE/ARE THERE?

Is there? = Oes?
Yes = Oes
No = Na *or* Nac oes

TEST YOURSELF: COVER ONE SIDE

Oes ffilm ar y teledu heno?	*Is there a film on television tonight?*
Oes, mae ffilm dda am wyth.	*Yes, there is a good film at eight.*
Oes llestri yn y sinc?	*Are there dishes in the sink?*
Oes, mae'r sinc yn llawn.	*Yes, the sink is full.*
Oes bwyd ar y bwrdd?	*Is there food on the table?*
Na, does dim.	*No, there isn't.*
Oes merch bert yn actio yn y ffilm?	*Is there a pretty girl acting in the film?*
Oes, mae llawer.	*Yes, there are a lot.*

LLAWER O = *A LOT OF*
(followed by a plural, e.g. actorion, *or general noun, e.g.* bwyd*)*
GORMOD O = *TOO MANY (OF)*
DIGON O = *ENOUGH (OF)*
UFFERNOL O = *HELLISHLY, AWFULLY*

all followed by by soft mutation (see p. 64)

COVER ONE SIDE AND TEST YOURSELF

Mae llawer o bobl yn y gêm.	*There are a lot of people in the game.*
Mae gormod o bobl yn y cae.	*There are too many people in the field.*
Mae digon o fwyd ar y bwrdd.	*There's enough food on the table.*
Mae'n uffernol o oer yma.	*It's hellishly cold here.*
Oes digon o gwrw yn y tŷ?	*Is there enough beer in the house?*
Oes, mae gormod yma.	*Yes, there's too much here.*
Oes digon o win yn y pantri?	*Is there enough wine in the pantry?*
Na, does dim digon yno.	*No, there's not enough there.*

THERE ISN'T/THERE AREN'T
= Does dim

TEST YOURSELF: COVER ONE SIDE

Does dim cwrw yn y cwpan. — *There's no beer in the cup.*
Does dim tafarn yn y nefoedd. — *There isn't a pub in heaven.*
Does dim rhaglen Gymraeg ar y teledu. — *There's no Welsh programme on television.*
Oes rhywun yn y tŷ? — *Is there someone in the house?*
Na, does neb yn y tŷ. — *No, there's no-one in the house.*

(Note: **NEB** = *no-one)*

PRYD MAE?
= When does?

Pryd mae'r ffilm yn dechrau? = *When does the film begin?*
Pryd mae'r gêm ar y teledu? = *When is the game on television?*

ATEBWCH Y CWESTIYNAU

1. Faint o'r gloch yw hi nawr?
2. Pryd mae'r newyddion ar y teledu?
3. Oes ffilm Gymraeg ar y teledu heno?
4. Oes digon o Gymraeg ar y teledu?
5. Pwy sy'n darllen y newyddion am ddeg o'r gloch?
6. Oes llawer o fwyd yn y tŷ?
7. Ydy hi'n uffernol o oer heddiw?
8. Oes gormod o ryw *(sex)* ar y teledu?

YN Y DREF/IN THE TOWN

stryd(oedd) = *street(s)*
tŷ (tai) = *house(s)*
heol(ydd) = *road(s)*
sgwâr(au) = *square(s)*
croesffordd = *junction*
ffordd (ffyrdd) = *way(s)*
neuadd y dref = *town hall*
gorsaf = *station*
swyddfa'r post = *post office*
swyddfa'r heddlu = *police station*
theatr = *theatre*
sinema = *cinema*
pwll nofio = *swimming pool*
castell = *castle*
siop(au) = *shop(s)*
stryd fawr = *high street*
marchnad = *market*
parc(iau) = *park(s)*
ffatri(oedd) = *factory(ies)*
diwydiant = *industry*
gwaith = *work*
canolfan hamdden = *leisure centre*
llyfrgell = *library*
siop lyfrau = *book shop*
cigydd = *butcher*
fferyllydd = *chemist*
caffe = *cafe*
gwesty = *hotel*
ar y chwith = *on the left*
ar y dde = *on the right*
yn syth ymlaen = *straight ahead*
ewch nôl i . . . = *go back to . . .*
croesi = *to cross*

Ble mae . . . ?	*Where is . . . ?*
i'r chwith	*to the left*
Ar y chwith	*On the left*
I'r dde	*To the right*
Ar y dde	*On the right*
yn syth ymlaen	*straight on*
milltir	*a mile*
hanner milltir	*½ a mile*

Mynd i'r Eisteddfod

(Going to the Eisteddfod)

GEIRFA

fanna = *there, over there*
Pabell y Cymdeithasau = *Societies' Tent*
sych = *dry, boring*
telyn(au) = *harp(s)*
diawl = *'devil' a mild swear word, not used in 'polite' conversation*
beirdd = *bards*
wir = *indeed*
nefoedd = *heavens, heaven*
angylion = *angels*
bendigedig = *marvellous*
llwyfan = *stage*
i fod = *supposed to be*
dim ond = *only*
yr iaith = *the language*
yn ddwl = *silly, stupid*
o'r gorau = *O.K.*
ffŵl = *fool*
ar fy mhen fy hun = *by myself*

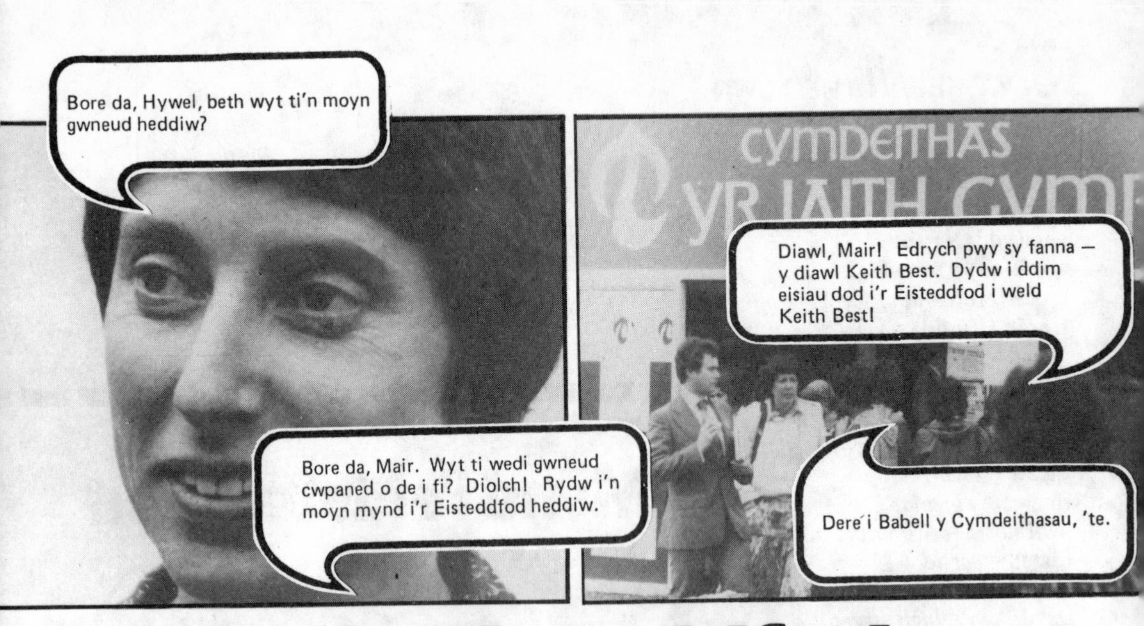

Mynd i'r Eisteddfod

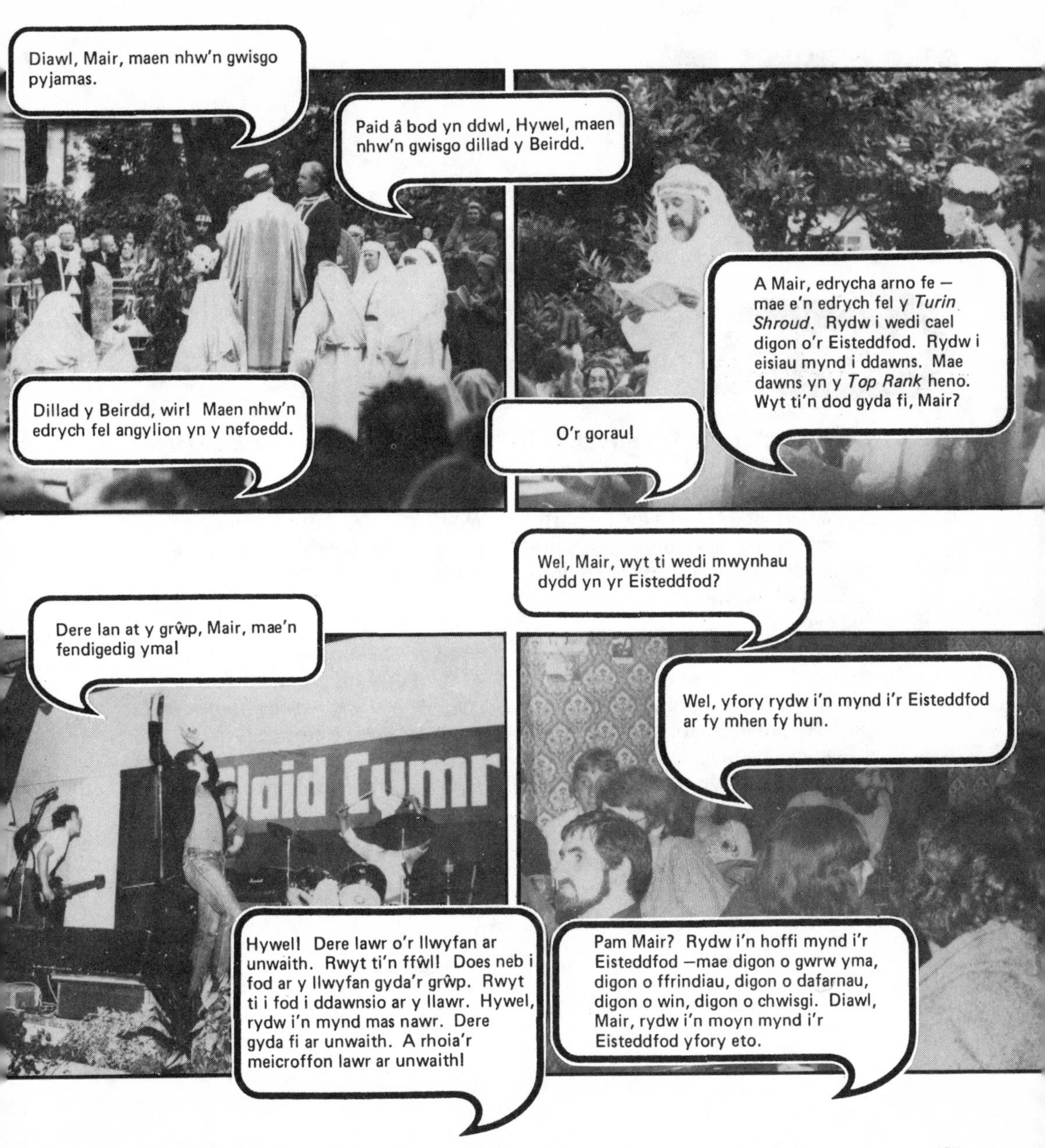

Diawl, Mair, maen nhw'n gwisgo pyjamas.
Paid â bod yn ddwl, Hywel, maen nhw'n gwisgo dillad y Beirdd.
Dillad y Beirdd, wir! Maen nhw'n edrych fel angylion yn y nefoedd.
A Mair, edrycha arno fe — mae e'n edrych fel y *Turin Shroud*. Rydw i wedi cael digon o'r Eisteddfod. Rydw i eisiau mynd i ddawns. Mae dawns yn y *Top Rank* heno. Wyt ti'n dod gyda fi, Mair?
O'r gorau!
Dere lan at y grŵp, Mair, mae'n fendigedig yma!
Hywel! Dere lawr o'r llwyfan ar unwaith. Rwyt ti'n ffŵl! Does neb i fod ar y llwyfan gyda'r grŵp. Rwyt ti i fod i ddawnsio ar y llawr. Hywel, rydw i'n mynd mas nawr. Dere gyda fi ar unwaith. A rhoia'r meicroffon lawr ar unwaith!
Wel, Mair, wyt ti wedi mwynhau dydd yn yr Eisteddfod?
Wel, yfory rydw i'n mynd i'r Eisteddfod ar fy mhen fy hun.
Pam Mair? Rydw i'n hoffi mynd i'r Eisteddfod —mae digon o gwrw yma, digon o ffrindiau, digon o dafarnau, digon o win, digon o chwisgi. Diawl, Mair, rydw i'n moyn mynd i'r Eisteddfod yfory eto.

RHAN 5

DIM BAR (No bar)

Mair:	Wyt ti'n hoffi mynd i'r Eisteddfod?	*Do you like going to the Eisteddfod?*
Hywel:	Ydw, wrth gwrs, ond . . .	*Yes, of course, but . . .*
Mair:	Ond beth? Dwyt ti byth yn hapus . . .	*But what? You're never happy . . .*
Hywel:	Paid â bod yn ddwl. Rydw i'n hoffi clywed caneuon gwerin, rydw i'n hoffi gweld dawnsio gwerin, rydw i'n hoffi cerdded o gwmpas.	*Don't be silly. I like hearing folk singing, I like seeing folk dancing, I like walking around.*
Mair:	Wel beth sy'n bod 'te?	*Well what's the matter then?*
Hywel:	Mae syched uffernol arna i. Rydyn ni wedi dod yma am wyth o'r gloch, rydyn ni wedi cerdded o gwmpas tan un o'r gloch, rydyn ni wedi cael cinio, a nawr mae hi'n dri o'r gloch.	*I've got a hellish thirst. We came here at eight o'clock, we walked around 'till one o'clock, we had dinner, and now it is three o'clock.*
Mair:	Paid â phoeni, Hywel, dere gyda fi i'r fan laeth.	*Don't worry, Hywel, come with me to the milk van.*
Hywel:	Nid llaeth rydw i'n moyn, ond cwrw —a does dim bar yn yr Eisteddfod!	*It's not milk I want, but beer —and there's no bar in the Eisteddfod!*

PAST TENSE: was/were

Instead of **MAE**, use **ROEDD**

Mae Alun yn dod = *Alun is coming*/**Roedd Alun yn dod** = *Alun was coming*

TEST YOURSELF: COVER ONE SIDE

PROFWCH EICH HUN: CUDDIWCH UN OCHR

Roedd hi'n bwrw glaw ddoe	*It was raining yesterday*
Roedd Alun yn yr Eisteddfod llynedd	*Alun was in the Eisteddfod last year*
Roedd y plant yma neithiwr	*The children were here last night*
Roedd menyw bert yn y dafarn	*There was a pretty woman in the pub*
Roedd ffilm dda ar y teledu heno	*There was a good film on television tonight*
Roedd digon o gwrw yn y parti	*There was enough beer in the party*
Ble roedd Huw yn gweithio wythnos diwetha?	*Where was Huw working last week?*
Pryd roedd y gêm rhwng Cymru a Seland Newydd?	*When was the game between Wales and New Zealand?*

NEGATIVE SENTENCES

DOEDD DIM: *THERE WASN'T/THERE WEREN'T*

Doedd dim cwrw yn y dafarn = *There wasn't any beer in the pub*

DOEDD . . . DDIM (YN) = *wasn't/weren't*

TEST YOURSELF: COVER ONE SIDE

PROFWCH EICH HUN: CUDDIWCH UN OCHR

Doedd dim cwrw yn y parti ddoe	*There was no beer in the party yesterday*
Doedd dim hwyl yn y ddawns neithiwr	*There was no fun in the dance last night*
Doedd y merched ddim yn hoffi dawnsio	*The girls did not like dancing*
Doedd y bechgyn ddim yn gallu yfed	*The boys could not drink*
Doedd dim llawer o fwyd yno	*There wasn't much food there*
Doedd Alun ddim yn dawnsio'n dda	*Alun didn't dance well*

CWESTIWN/*QUESTION:* OEDD?

Yes = **OEDD**
No = **NA** *or* **NAC OEDD**

ATEBWCH

Oedd hi'n bwrw glaw ddoe?
Oedd ffilm dda ar y teledu neithiwr?
Oedd Cymru'n chwarae'n dda yn erbyn Lloegr?
Oedd yr Eisteddfod yn Llambed eleni (*this year*)?
Oedd digon o fwyd i frecwast bore 'ma?
Oedd y dafarn yn llawn (*full*) neithiwr?
Oedd llawer o bobl yn y dre dydd Sadwrn?

Remember, the answer "I don't know" is still **WN I DDIM**

I was = **ROEDDWN I**	*I wasn't* = **DOEDDWN I DDIM**	+ YN
You were = **ROEDDET TI**	*You weren't* = **DOEDDET TI DDIM**	
We were = **ROEDDEN NI**	*We weren't* = **DOEDDEN NI DDIM**	
You were = **ROEDDECH CHI**	*You weren't* = **DOEDDECH CHI DDIM**	
They were = **ROEDDEN NHW**	*They weren't* = **DOEDDEN NHW DDIM**	

Roeddwn i'n chwarae i Abertawe heddiw	*I was playing for Swansea today*
Doeddwn i ddim yn y dre bore 'ma	*I wasn't in town this morning*
Roeddet ti'n siopa trwy'r bore	*You were shopping all morning*
Doeddet ti ddim gartre	*You weren't at home*
Doedden ni ddim yn hoffi'r ffilm	*We didn't like the film*
Roedden ni'n hoffi'r actores bert	*We liked the pretty actress*
Roeddech chi'n hapus iawn neithiwr	*You were very happy last night*
Doeddech chi ddim yn y gwely'n gynnar	*You weren't in bed early*
Roedden nhw yn y tŷ am bump o'r gloch	*They were in the house at five o'clock*
Doedden nhw ddim yno am saith	*They weren't there at seven*

CWESTIWN AC ATEB/*QUESTION AND ANSWER*

OEDDECH CHI?/*Were you?*
OEDDWN *(Yes, I was)* — **NA** *or* **NAC OEDDWN** *(No)*
OEDDEN NI?/*Were we?*
OEDDEN *(Yes, we were)* — **NA** *or* **NAC OEDDEN** *(No)*
OEDDEN NHW?/*Were they?*
OEDDEN *(Yes, they were)* — **NA** *or* **NAC OEDDEN** *(No)*
OEDDET TI?/*Were you?*
OEDDWN *(Yes, I was)* — **NA** *or* **NAC OEDDWN** *(No)*
OEDDWN I?/*Was I?*
OEDDECH *(Yes, you were)* — **NA** *or* **NAC OEDDECH** *(No)*

Oeddech chi'n siopa heddiw?	*Were you shopping today?*
Nac oeddwn, doeddwn i ddim yn siopa	*No, I wasn't shopping*
Oeddech chi gartre bore 'ma?	*Were you home this morning?*
Oeddwn, roeddwn i yn y tŷ trwy'r bore	*Yes, I was in the house all morning*
Oedden nhw'n yfed gormod yn y dafarn?	*Were they drinking too much in the pub?*
Nac oedden, roedden nhw'n sobor iawn	*No, they were very sober*
Oedden ni'n gynnar prynhawn 'ma?	*Were we early this afternoon?*
Nac oedden, doedden ni ddim	*No, we weren't*
Oeddech chi'n chwarae i Abertawe?	*Were you playing for Swansea?*
Na, roedden ni'n chwarae i Gaerdydd	*No, we were playing for Cardiff*

ATEBWCH!

Oeddech chi'n edrych ar y teledu neithiwr?
Oeddech chi'n siopa yn y dre bore 'ma?
Oedd llawer o bobl yn y dafarn neithiwr?
Oeddech chi yn y gwely'n gynnar ddoe?
Oeddech chi'n hwyr yn y gwaith heddiw?
Pryd roeddech chi yn y sinema?
Ble roeddech chi prynhawn ddoe?
Pryd roeddech chi yn y dre?

Oedd y siopau'n llawn?
Ble roeddech chi yn y gwyliau (*holidays*)?
Pryd roeddech chi'n darllen y papur heddiw?
Oeddech chi'n byw yn Llundain?
Oeddech chi yn y capel dydd Sul?
Oeddech chi mewn parti neithiwr?
Ble roeddech chi'n yfed neithiwr?
Beth oeddech chi'n wneud bore 'ma?

SOME ADJECTIVES:

da	*good*
drwg	*bad*
mawr	*big*
bach	*small*
sych	*dry*
gwlyb	*wet*
oer	*cold*
twym	*warm*
gwyntog	*windy*
niwlog	*misty*
heulog	*sunny*
braf	*fine*
cryf	*strong*
gwan	*weak*
cyflym	*quick*
araf	*slow*
tywyll	*dark*
golau	*light*
hen	*old*
ifanc	*young*
pert	*pretty*
prydferth	*beautiful*

COLOURS

du	*black*
gwyn	*white*
gwyrdd	*green*
glas	*blue*
melyn	*yellow*
brown	*brown*
llwyd	*grey*
oren	*orange*
coch	*red*
porffor	*purple*
pinc	*pink*

When used after YN, *all adjectives beginning with* C P T G B D *or* M *soft mutate:*

C → G	G → –	
C → G	G → –	M → F
P → B	B → F	
T → D	D → DD	

Mae'r tŷ yn fawr	*The house is big*
Mae'r dyn yn gryf	*The man is strong*
Mae'r fenyw yn brydferth	*The woman is beautiful*
Mae'r haul yn dwym	*The sun is warm*

ADJECTIVES IN WELSH ALMOST ALWAYS FOLLOW THE NOUN (except HEN*)*
They soft mutate after feminine singular nouns:

dyn da	*a good man*
merch dda	*a good girl*
tŷ mawr	*a big house*
tŷ bach	*a small house (toilet)*

VERY = **IAWN**: *it always follows the adjective*: dyn da iawn = *a very good man*

good, better, best = da, gwell, gorau
small, smaller, smallest = bach, llai, lleia
big, bigger, biggest = mawr, mwy, mwya

MWY *and* **MWYA** *are used before adjectives for MORE and MOST:* mwy prydferth, mwya prydferth; mwy braf, mwya braf. **-ACH** *and* **-AF** *are used for* **-ER** *and* **-EST**: oerach, oeraf; sychach, sychaf.

AS . . . AS . . . = **MOR . . . Â . . .** *(*mor *is followed by soft mutation,* â *by aspirate)*
THAN = **NA** *(followed by aspirate mutation)*

[*aspirate mutation:* C → CH; P → PH; T → TH]

Y Papur Bro

(The community paper)

GEIRFA

dim byd = *nothing*
diddorol = *interesting*
llofruddiaeth = *murder*
trais = *rape*
fflachiwr = *flasher*
digwydd = *happen*
dim ots = *not to worry*
grawnwin = *grapes*
tyfu = *grow*
poeth = *hot*
mwynhau = *enjoy*
haul = *sun*
breuddwydio = *dream*
bronglwm = *brassière*
di- = . . . *less*
llun = *picture*
traeth = *beach*
fy . . . i = *my*
Meithrin = *Nursery (Movement)*
ysgol = *school*
capel = *chapel*
bydd = *will be*
pawb = *everyone*
plygu = *fold*
parod = *ready*
dwy fil = *two thousand*
argraffydd = *printer*
argraffu = *print*
rhagor = *more*
sychedig = *thirsty*
yn feddw = *drunk*
yn feddw gaib = *blind drunk*
yn ddiweddarach = *later*
on'd yw e? = *isn't it?*
papur bro = *local paper*
lol = *nonsense*
pethau = *things*
dibwys = *unimportant*
bob = *every*
ta beth = *anyway*
esgus = *excuse*
bant = *off*

Y Papur Bro

DAI, HYWEL A HUW YN GWEITHIO AR Y PAPUR BRO . . .

Diawl, bois, doedd dim byd diddorol yn Abercwmboi y mis yma eto. Doedd dim tân, doedd dim llofruddiaeth, doedd dim trais, doedd dim fflachiwr . . . Beth ydyn ni'n mynd i roi yn y papur? Does dim byd yn digwydd yma!

Ond dim ots, roedd y gwin yn y botel yma'n dda. Beth oedd e? Gwin y Rhein, un-naw-saith-deg. Blwyddyn dda. Roedd llawer o haul y flwyddyn yna. Roedd y grawnwin yn tyfu'n dda, achos roedd hi mor boeth. Yn un-naw-saith-deg roeddwn i yn St Tropez, yn Ffrainc, yn mwynhau'r haul, ac roedd llawer o ferched pert yn gorwedd yn yr haul, a doedden nhw ddim yn gwisgo dim . . .

Hei, Huw, paid â breuddwydio! Mae stori dda gyda fi . . .

Ac mae llun gyda fi hefyd i fynd gyda'r stori. Dyma'r stori . . . "Roedd llawer o ferched yn gorwedd yn ddi-fronglwm ar draeth Abercwmboi eleni. Roedd ffotograffydd y papur ar y traeth pan oedd y merched yno, ac roedd e'n ddigon lwcus i gael llun o'r merched."

Diawl, stori dda, Hywel. Oes llun gyda ti? Hei, llun da, Hywel. Diawl, doedd y ferch yna ddim yn Abercwmboi eleni —roedd hi yn St Tropez pan oeddwn i yno —roedd y llun yna yn fy albwm lluniau i. A dyw hi ddim yn mynd mewn i'r papur bro.

O wel, bac tw ddy dro-in bôrd. Ond os doedd dim stori dda yn Abercwmboi y mis yma, mae gwin da yn y botel yma. Paid â phoeni Huw, rhoia storïau am Meithrin a'r Ysgolion a'r Capeli yn y papur, a bydd pawb yn hapus.

AWR YN DDIWEDDARACH

Rydw i wedi gweithio digon am un noson —papur bro, wir. Pwy sy'n darllen papur bro? Dim ond lol am bethau dibwys sy yn y papur bro bob mis. Ta beth, mae e'n esgus da i yfed, on'd yw e?

Dai, rwyt ti'n feddw eto. Dere bant o'r bwrdd yna. Rydyn ni'n moyn gorffen plygu'r papur!

RHAN 6

Y NEWYDDION (The News)

Mair:	Beth oedd ar y newyddion heno?	*What was on the news tonight?*
Hywel:	Doedd dim llawer –dim ond hanes treisiwr Tresant.	*There wasn't a lot –only the story of the Tresant rapist.*
Mair:	Ond rwy'n poeni amdano fe –rwy'n breuddwydio amdano fe yn y nos.	*But I'm worried about him –I dream about him in the night*
Hywel:	Paid â phoeni –doedd e ddim wedi gwneud dim byd neithiwr.	*Don't worry –he hadn't done anything last night.*
Mair:	Beth oedd y newyddion yn dweud amdano fe?	*What did the news say about him?*
Hywel:	Roedd yr heddlu'n chwilio am ddyn pum troedfedd, wyth modfedd, yn gwisgo trowsus a siaced, a sbectol.	*The police were looking for a man of five feet eight inches, wearing trousers and a jacket, and glasses.*
Mair:	Oedden nhw'n gwybod rhagor amdano fe?	*Did they know more about him?*
Hywel:	Roedd y dyn weithiau'n gwisgo cot.	*The man sometimes wore a coat.*
Mair:	Doedd dim syniad gan yr heddlu, felly.	*The police had no idea, therefore.*
Hywel:	Ond mae syniad gyda fi!	*But I have an idea!*
Mair:	Pwy?	*Who?*
Hywel:	Fi yw e! (Mae Mair yn llewygu)	*It's me!* *(Mair faints)*

PAST TENSE: HAD

Instead of **ROEDD YN,** *use* **ROEDD WEDI**
Roedd Hywel yn dod i'r parti = *Hywel was coming to the party*
Roedd Hywel wedi dod i'r parti = *Hywel had come to the party*

PROFWCH EICH HUN: CUDDIWCH UN OCHR
TEST YOURSELF: COVER ONE SIDE

Roedd hi wedi bwrw glaw ddoe	*It had rained yesterday*
Roeddwn i wedi prynu car yn y dre	*I had bought a car in the town*
Roedd Mair wedi yfed gormod yn y dafarn	*Mair had drunk too much in the pub*
Roeddech chi wedi mynd yn gynnar	*You had gone early*
Oeddech chi wedi clywed amdano fe?	*Had you heard about him?*
Na, doeddwn i ddim wedi clywed	*No, I hadn't heard*
Oedden nhw wedi chwarae'n dda?	*Had they played well?*
Oedden, roedden nhw wedi ennill	*Yes, they had won*
Pryd roedd Lloegr wedi curo Cymru?	*When had England beaten Wales?*
Roedden nhw wedi ennill llynedd	*They had won last year*
Ble roeddech chi wedi bod neithiwr?	*Where had you been last night?*
Roeddwn i wedi bod yn y sinema	*I had been in the cinema*
Beth oeddech chi wedi gwneud bore 'ma?	*What had you done this morning?*
Roeddwn i wedi codi'n gynnar –yna	*I had got up early – then*
roeddwn i wedi mynd nôl i'r gwely	*I had gone back to bed*
Doedden nhw ddim wedi galw	*They had not called*

ATEBWCH!

Beth oeddech chi wedi yfed neithiwr?
Ble roeddech chi wedi cysgu neithiwr?
Oeddech chi wedi codi'n gynnar bore 'ma?
Oeddech chi wedi mynd i'r dre wythnos diwetha?
Oeddech chi wedi gweld gêm dydd Sadwrn?
Oeddech chi wedi mynd i'r dafarn nos Sul?
Oeddech chi wedi gwrando ar y newyddion bore 'ma?
Pryd roeddech chi wedi darllen y papur?
Sut roeddech chi wedi mynd i'r gwaith heddiw?
Pryd roedd Margaret Thatcher wedi dod i Gymru?
Pwy oedd wedi ennill y Gadair yn Eisteddfod Llambed?
Oeddech chi wedi mwynhau gwyliau'r Nadolig?
Pryd roeddech chi wedi gorffen curo eich gwraig? (*beating your wife*)

AM = *about, for*

gwybod am = *to know about*
chwilio am = *to look for*
siarad am = *to talk about*
darllen am = *to read about*
clywed am = *to hear about*
meddwl am = *to think about*
sgrifennu am = *to write about*
aros am = *to wait for*

NOTE: soft mutation after **AM**

Cymru – am **G**ymru
parti – am **b**arti
tîm – am **d**îm
gwely – am •wely
brws – am **f**rws
drws – am **dd**rws
Llanelli – am **L**anelli
merch – am **f**erch
Rhiwabon – am **R**iwabon

Only these nine letters change:

C → G	G → –	LL → L
P → B	B → F	M → F
T → D	D → DD	RH → R

Roeddwn i wedi **darllen am** y dyn = *I had read about the man*
Mae e wedi **sgrifennu** llawer **am G**ymru = *He has written a lot about Wales*
Mae e'n **chwilio am f**erch = *He's looking for a girl*

BUT NOTICE THESE

amdana i = *about me*
amdanat ti = *about you*
amdano fe = *about him*
amdani hi = *about her*
amdanon ni = *about us*
amdanoch chi = *about you*
amdanyn nhw = *about them*

PROFWCH EICH HUN: CUDDIWCH UN OCHR

Rydw i wedi darllen amdani hi	*I've read about her*
Mae e'n gwybod amdanon ni	*He knows about us*
Roedden nhw'n siarad amdanoch chi	*They were talking about you*
Roedden ni'n aros am y bws	*We were waiting for the bus*
Doeddech chi ddim yn gwybod am Huw?	*You didn't know about Huw?*
Oeddech chi'n chwilio amdana i?	*Were you looking for me?*
Na, roeddwn i'n chwilio amdano fe	*No, I was looking for him*
Roeddwn i wedi clywed amdani hi o'r blaen	*I had heard about her before*

ATEBWCH!

Oeddech chi wedi aros am y bws bore 'ma?
Oeddech chi wedi meddwl am fynd i Landudno yn yr haf?
Pryd roeddech chi wedi clywed am Nant Gwrtheyrn?
Am beth roeddech chi'n siarad neithiwr?
Ydych chi wedi darllen am Twm Siôn Cati?
Ydych chi'n gwybod am lyfr ar hanes Cymru?
Sut roeddech chi'n gwybod am *Welcome to Welsh*?
Ydych chi'n hoffi darllen am yr economi?
Am beth roeddech chi'n chwilio ar ôl codi bore 'ma?
Am beth roeddech chi'n darllen yn y papur?

NOW NOTICE THESE:
AR *(on)*

arna i = *on me*
arnat ti = *on you*
arno fe = *on him*
arni hi = *on her*
arnon ni = *on us*
arnoch chi = *on you*
arnyn nhw = *on them*

These are used in phrases such as:

Mae annwyd arna i	*I have a cold*
Mae eisiau bwyd arna i	*I want food*
	(There is a need of food on me)
Mae peswch arno fe	*He has a cough*
Mae ffliw arni hi	*She has flu*
Mae pen tost arni hi	*She has a headache*
Mae cefn tost arna i	*I have a backache*
Roedd llwnc tost arna i	*I had a sore throat*
Roedd annwyd arnyn nhw	*They had a cold*

MISOEDD/*Months*

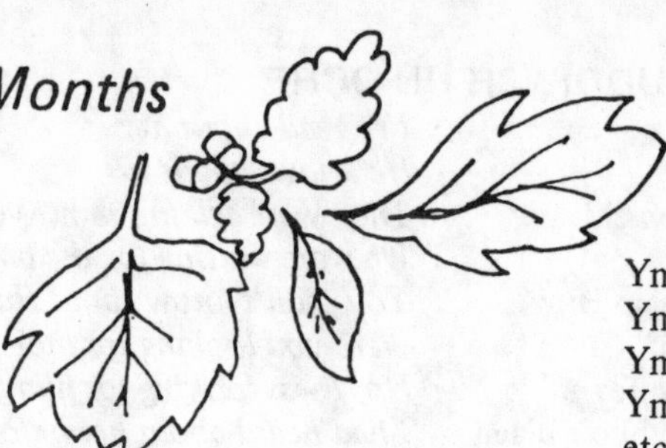

1. Ionawr
2. Chwefror
3. Mawrth
4. Ebrill
5. Mai
6. Mehefin
7. Gorffennaf
8. Awst
9. Medi
10. Hydref
11. Tachwedd
12. Rhagfyr

Ym mis Ionawr = *In January*
Ym mis Chwefror = *In February*
Ym mis Mawrth = *In March*
Ym mis Ebrill = *In April*
etc.

TYMHORAU/*Seasons*

Gwanwyn = *Spring*
Haf = *Summer*
Hydref = *Autumn*
Gaeaf = *Winter*

Yn y Gwanwyn = *In Spring*
Yn yr Haf = *In Summer*
Yn yr Hydref = *In Autumn*
Yn y Gaeaf = *In Winter*

Ennill y Gêm

(Winning the Game)

GEIRFA

neidio = *jump*
cwyno = *complain*
Canolfan Hamdden = *Leisure Centre*
addo = *promise*
cwrdd â = *meet*
llynedd = *last year*

gynta = *first* (cynta)
os gweli di'n dda = *please*
drud = *expensive*
brys = *haste*
(d)diwetha = *last*
fy nghwrw i = *my beer*

mae'n flin 'da fi = *I'm sorry*
gwydryn = *glass*
taflu = *throw*
ardderchog = *wonderful*
ar ôl = *left (over)*
ar fin = *at the point of*

Ennill y Gêm

Diawl, roedd Blodwen yn neidio neithiwr, ac mae hi'n neidio heno eto.
Pam wyt ti'n cwyno amdani hi, Hywel?
Mae hi yn y Ganolfan Hamdden bob nos yn trampolino —ond roedd hi wedi addo cwrdd â fi yma heno am naw— ond dyw hi ddim wedi dod.

Beth am gêm o ddarts 'te? Roeddwn i wedi chwarae neithiwr ac roeddwn i wedi ennill pob gêm. Wyt ti'n cofio sut i chwarae darts?
Cofio, wir! Roeddwn i'n chwarae i dîm darts Tafarn y Bont. Os wyt ti, Ifan, eisiau colli gêm, rwy'n barod am gêm.

Chwarae i Dafarn y Bont, wir! Roeddwn i wedi cael gêm i Glwb y Llew Coch, ac roedden nhw wedi ennill cwpan Cymru i glybiau llynedd.

Daro, dwy ddim yn gallu dechrau — rwyt ti wedi ennill y gêm gynta. Beth wyt ti'n yfed?
Peint arall o chwerw, os gweli di'n dda. Bydd heno'n noson ddrud i ti, rwy'n gweld.

Beth yw'r brys, Hywel? Wyt ti'n colli eto?
Aros di, Ifan! Rwy'n gallu chwarae'n dda ar ôl yfed dau neu dri pheint o gwrw. Dim ond un peint roeddwn i wedi yfed cyn y gêm ddiwetha. Hei, dafarnwr, peint arall yn gyflym.
TUDOR TUDOR

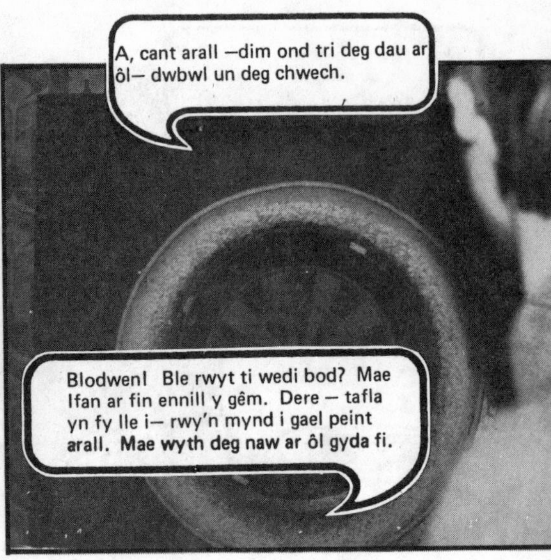
A, cant arall —dim ond tri deg dau ar ôl— dwbwl un deg chwech.
Blodwen! Ble rwyt ti wedi bod? Mae Ifan ar fin ennill y gêm. Dere — tafla yn fy lle i— rwy'n mynd i gael peint arall. Mae wyth deg naw ar ôl gyda fi.

Nawrte, rwy wedi taflu pum deg saith —mae tri deg dau ar ôl— dwbwl un deg chwech, fel Ifan.

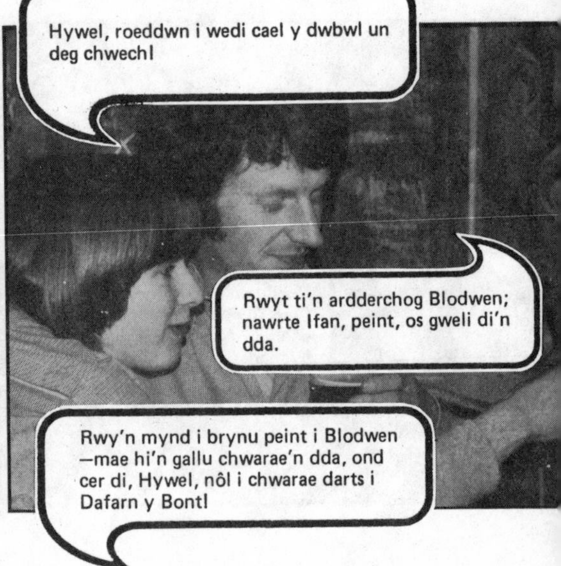
Hywel, roeddwn i wedi cael y dwbwl un deg chwech!
Rwyt ti'n ardderchog Blodwen; nawrte Ifan, peint, os gweli di'n dda.
Rwy'n mynd i brynu peint i Blodwen —mae hi'n gallu chwarae'n dda, ond cer di, Hywel, nôl i chwarae darts i Dafarn y Bont!

RHAN 7

COLLI GWAITH (Losing a job)

Blodwen:	Oeddet ti wedi cael diwrnod da yn y gwaith heddiw?	*Did you have a good day at work today?*
Hywel:	Eitha da. Doeddwn i ddim wedi gweithio'n rhy galed.	*Quite good. I hadn't worked too hard.*
Blodwen:	Fel arfer! Rydw i wedi gweithio'n galed trwy'r dydd. Roeddwn i wedi glanhau'r tŷ y bore 'ma, siopa'r prynhawn 'ma, gwneud bwyd i ti . . .	*As usual! I've worked hard all day. I had cleaned the house this morning, done the shopping this afternoon, made food for you . . .*
Hywel:	Gan bwyll, Blodwen . . . mae newyddion gyda fi . . .	*Hold on, Blodwen, I have news . . .*
Blodwen:	Newyddion da?	*Good news?*
Hywel:	Ie, wrth gwrs. Rydw i'n mynd i gael pum mil o bunnoedd oddi wrth y llywodraeth.	*Yes, of course. I'm going to get five thousand pounds from the government.*
Blodwen:	Pum mil? Mae'n amhosib! Pam maen nhw'n rhoi'r arian?	*Five thousand? It's impossible. Why are they giving the money?*
Hywel:	Wel, y drwg yw . . . maen nhw'n mynd i gau'r gwaith.	*Well, the trouble is . . . they're going to close the works.*
Blodwen:	Dyw hynny ddim yn newyddion da – mae'n newyddion drwg iawn.	*That isn't good news –its very bad news.*
Hywel:	Dyw e ddim yn ddrwg i gyd. Rydw i a Dai a Wil yn mynd i ddechrau . . .	*It's not all bad. Me and Dai and Wil are going to start . . .*
Blodwen:	O na, nid tafarn!	*O no, not a pub!*
Hywel:	Na, siop Gymraeg.	*No, a Welsh shop.*
Blodwen:	Syniad ardderchog! Mae'n hen bryd cael siop Gymraeg dda yn y dre 'ma.	*A wonderful idea! It's high time to have a good Welsh shop in this town.*

i

★

I = *TO, but note that it changes before* **FE, HI** *and* **NHW.** *Full forms:*

i mi
i ti
iddo fe
iddi hi
i ni
i chi
iddyn nhw
i Huw
i'r bachgen, etc.

RHAID = *MUST*

Mae rhaid i mi **f**ynd = *I must go*
Mae rhaid i ti **dd**od = *You must come*
Mae rhaid i Huw **dd**arllen = *Huw must read*
Mae rhaid i ni •weld = *We must see*
Mae rhaid i chi •wrando = *You must listen*
★Mae rhaid iddo fe **g**ysgu = *He must sleep*
★Mae rhaid iddi hi **dd**effro = *She must wake up*
★Mae rhaid iddyn nhw **d**alu = *They must pay*

NOTE!
After "Mae rhaid i mi" *etc., the first letter of the next word changes, e.g.* mynd → fynd.
See page 48

NOTICE!
"Rydw i" *has several several variations:*
Rwyf i
Rydwyf i
Dw i
W i
All are correct

MAE *is replaced by* **OES** *to ask a question*
MAE *is replaced by* **DOES DIM** *to form the negative*
MAE *is replaced by* **ROEDD** *in the past*
ROEDD *is replaced by* **OEDD** *to ask a question*
ROEDD *is replaced by* **DOEDD DIM** *to form the negative*

PROFWCH EICH HUN: CUDDIWCH UN OCHR
TEST YOURSELF: COVER ONE SIDE

Mae rhaid i mi fynd i'r banc heddiw	*I must go to the bank today*
Mae rhaid i Alun dalu am y rownd nesa	*Alun must pay for the next round*
Mae rhaid iddyn nhw ddod yma eto	*They must come here again*
Oes rhaid i ni fynd yn gynnar?	*Must we go early?*
Oes, mae rhaid i ni fynd cyn wyth o'r gloch	*Yes, we must go before eight o'clock*
Oes rhaid iddyn nhw ddal y bws?	*Must they catch the bus?*
Na, does dim rhaid iddyn nhw fynd	*No, they haven't got to go*
Does dim rhaid i mi fynd i'r gwaith yfory	*I haven't got to go to work tomorrow*
Roedd rhaid i mi weithio'n galed heddiw	*I had to work hard today*
Roedd rhaid iddo fe adael y gêm	*He had to leave the game*
Oedd rhaid i ni dalu am y tocynnau?	*Did we have to pay for the tickets?*
Oedd, ac roedden nhw'n ddrud iawn	*Yes, and they were very expensive*
Oedd rhaid iddi hi briodi?	*Did she have to get married?*
Na, doedd dim rhaid iddi hi gael baban 'chwaith	*No, she didn't have to have a baby either*
Doedd dim rhaid i mi yfed chwe pheint neithiwr	*I didn't have to drink six pints last night*

ATEBWCH!

Oedd rhaid i chi godi'n gynnar bob bore? *(every morning)*
Oes rhaid i chi fynd i siopa heddiw?
Oedd rhaid i chi briodi?
Oedd rhaid i chi ddysgu Cymraeg?
Oes rhaid i chi daro'r wraig bob dydd?
Oedd rhaid i chi aros yn y tŷ heno?
Oes rhaid i chi edrych ar y teledu bob nos?
Oes rhaid i chi fynd i'r gwaith bob dydd?
Oedd rhaid i chi weithio yn yr ardd ddoe?
Oes rhaid i chi yfed cwrw bob nos?

MAE'N WELL I MI FYND = *I'd better go (lit. It's better for me to go)*
MAE'N BRYD I MI DDOD = *It's time for me to come*
MAE'N HEN BRYD I MI DALU = *It's high time for me to pay (lit. "old time")*

These are used in exactly the same way as
RHAID *EXCEPT*
★ *In questions,* **OES?** *is replaced by* **YDY HI'N?**
★ **DOES DIM** *is replaced by* **DYW HI DDIM**
★ *In questions* **OEDD?** *is replaced by* **OEDD HI'N?**
★ **DOEDD DIM** *is replaced by* **DOEDD HI DDIM YN**

IN FULL
Mae'n well = Mae HI'n well
Mae'n bryd = Mae HI'n bryd
Mae'n hen bryd = Mae HI'n hen bryd

PROFWCH EICH HUN: CUDDIWCH UN OCHR

Mae'n well i mi fynd adre nawr	*I'd better go home now*
Mae'n bryd i ni fynd i'r gwely, cariad	*It's time for us to go to bed, love*
Mae'n hen bryd iddo fe wneud rhywbeth	*It's high time for him to do something*
Roedd yn well iddi hi briodi	*It was better for her to marry*
Roedd yn hen bryd iddyn nhw gael baban	*It was high time for them to have a baby*
Roedd yn bryd iddyn nhw ddysgu gyrru	*It was time for them to learn to drive*
Ydy hi'n bryd i chi ddechrau ateb?	*Is it time for you to start answering?*
Ydy hi'n well i ni fynd i'r dafarn?	*Is it better for us (had we better) go to the pub?*
Oedd hi'n bryd i Gymru guro Lloegr?	*Was it time for Wales to beat England?*
Oedd hi'n well i ni gael Sianel Gymraeg?	*Was it better for us to have a Welsh Channel?*
Dyw hi ddim yn bryd i chi fynd o gwbl	*It's not time for you to go at all*
Dyw hi ddim yn well iddo fe gysgu yma	*It's not better for him to sleep here*
Doedd hi ddim yn bryd i'r bws fynd	*It wasn't time for the bus to go*
Oedd hi'n bryd i Gravell orffen chwarae?	*Was it time for Gravell to finish playing?*
Oedd, roedd hi'n hen bryd iddo fe fynd	*Yes, it was high time for him to go*

Does dim — Dydy hi ddim yn
Doedd dim to Doedd hi ddim yn

ATEBWCH!

Ydy hi'n well i chi fynd allan heno?
Ydy hi'n bryd i chi dorri gwallt?
Ydy hi'n bryd i ni gael gwared ar (*get rid of*) Magi Thatsher?
Ydy hi'n hen bryd i Gymru ddechrau chwarae'n well?
Oedd hi'n well i chi olchi'r llestri neithiwr?
Oedd hi'n bryd i ni gael Sianel Gymraeg?
Ydy hi'n bryd i chi gael siwt newydd?
Ydy hi'n well i chi newid y car?
Ydy hi'n bryd i chi beintio'r tŷ?

Use of GYDA *or* 'DA

Oes bag gyda chi?	*Have you got a bag?*
Mae bag gyda fi	*I have a bag*
Mae cot 'da hi	*She has a coat*
Mae llyfr 'da ni	*We have a book*
Mae car newydd gyda nhw	*They have a new car*
Mae teledu gyda chi	*You have a television*

Notice Also

Mae'n flin 'da fi	*I'm sorry*
Mae'n well 'da fi	*I'd rather*
Mae'n well 'da fi ddod	*I'd rather come*
Mae'n well 'da fi aros	*I'd rather stay*
Mae'n well 'da nhw ddod	*They'd rather come*

NOTICE OTHER USES OF I

cyn i fi fynd	*before I go (note soft mutation of verb)*
cyn iddo fe ddod	*before he came*
ar ôl i ni fynd	*after we go*
ar ôl i chi ddod	*after you come*

if the sentence connected to these phrases is in the past, these will also have a past meaning –after I went, etc.

i fi fynd *can also mean "that I came" when used after a verb such as to say, to know or to believe:*

Rydw i'n siŵr i fi fynd yno	*I'm sure that I went there*
Mae e'n credu iddo fe weld y ffilm	*He believes that he has seen the film*
Maen nhw'n gwybod iddi hi ysgrifennu	*They know that she wrote*
Roedd hi'n dweud iddo fe ddod	*She said that he came*

Adeiladu Tŷ

(Building a House)

GEIRFA

adeiladu = *to build*
cymysgu = *to mix*
sment = *cement*
lolian = *to lounge*
gan bwyll = *hold on, slow down*
gwifren = *wire*
gwifrau = *wires*
nenfwd = *ceiling*
peintio = *to paint*
paent = *paint*
drws blaen = *front door*
i gyd = *all*
rhywun = *someone, anyone*
ofnadwy = *awful*
iawn = *properly*
unwaith eto = *once again*
hollol = *completely*
anobeithiol = *hopeless*
wir = *indeed*
gorffen = *to finish*
cysylltu = *to connect*
piben = *pipe*
pibau = *pipes*
achos = *because*
ta beth = *anyway*
gorffwys = *to rest*
coginio = *to cook*
wedyn = *afterwards*
gobeithio = *I hope*
bendigedig = *wonderful*
haeddu = *to deserve*

Adeiladu Tŷ

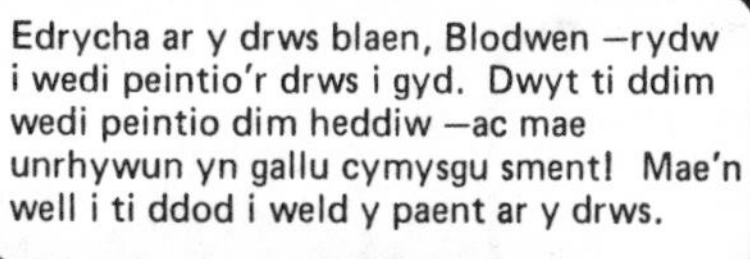

O Hywel! Mae'r paent yn ofnadwy. Mae'n hen bryd i ti ddysgu peintio'n iawn. Dwyt ti ddim wedi cymysgu'r paent, ac mae'r paent i gyd yn rhedeg. Mae'n well i mi beintio'r drws unwaith eto. Rwyt ti'n hollol anobeithiol.

Anobeithiol, wir! Wel, os wyt ti'n dweud dydw i ddim yn gallu peintio, mae'n well i mi orffen gweithio. Mae'n bryd i mi gael bath . . . wyt ti wedi cysylltu'r pibau dŵr eto, Blodwen? Mae'n bryd i ti wneud, achos does dim dŵr yn y bath. Ta beth, rydw i'n mynd i orffwys yn y bath am funud neu ddwy. Ydy swper yn barod, Blodwen?

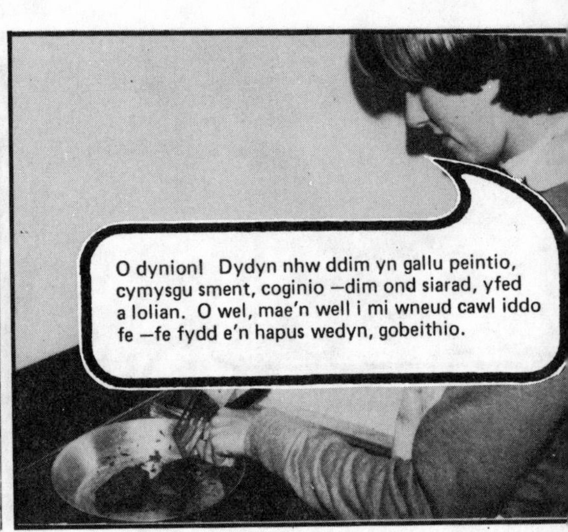
O dynion! Dydyn nhw ddim yn gallu peintio, cymysgu sment, coginio —dim ond siarad, yfed a lolian. O wel, mae'n well i mi wneud cawl iddo fe —fe fydd e'n hapus wedyn, gobeithio.

O Blodwen, roedd y cawl yn fendigedig. Rwyt ti wedi gweithio'n galed heddiw. Mae'n well i ti fynd i'r dafarn i gael peint heno —rwyt ti'n haeddu un.

RHAN 8

CAR NEWYDD (A New Car)

PROFWCH EICH HUN: CUDDIWCH UN OCHR

Hywel:	Mae'n well i ni gael car newydd.	*We'd better have a new car.*
Blodwen:	Ond mae'r hen gar yn mynd yn iawn.	*But the old car is going well.*
Hywel:	Ydy, mae'r hen gar yn mynd –mae e'n mynd yn hen.	*Yes, the old car is going –its going old.*
Blodwen:	Ond mae'n rhaid i mi gael celfi newydd yn y stafell flaen.	*But I must have new furniture in the front room.*
Hywel:	Does dim byd yn bod ar yr hen gelfi.	*There's nothing wrong with the old furniture.*
Blodwen:	Ac mae'n hen bryd cael carped newydd ar y grisiau.	*And it's high time to have a new carpet on the stairs.*
Hywel:	Ond bydd yr hen gar byth yn pasio'r prawf, ac mae rhaid i ni gael car da i fynd i Ffrainc.	*But the old car will never pass the test, and we must have a good car to go to France.*
Blodwen:	Mynd i Ffrainc, wir! Byddi di'n peintio'r tŷ ac yn papuro trwy'r gwyliau.	*Go to France, indeed! You'll be painting the house and papering through the holidays.*

DY . . . DI = *your (used with family and friends)*
DY *is followed by soft Mutation.* **DI** *can be left out.*

PROFWCH EICH HUN: CUDDIWCH UN OCHR

Ble mae dy dŷ di?	*Where's your house?*
Wyt ti wedi gwneud dy waith di?	*Have you done your work?*
Wyt ti wedi gwerthu dy gar di eto?	*Have you sold your car yet?*
Dydw i ddim yn hoffi dy wallt di.	*I don't like your hair.*

DY . . . DI *is also used for "you" when using verbs:*

Roeddwn i wedi dy weld di yn y gêm.	*I had seen you in the game.*
O Blodwen, rydw i'n dy garu di.	*O Blodwen, I love you.*
Mae'r haul wedi dy losgi di.	*The sun has burnt you*
Oedd y car wedi dy daro di?	*Had the car hit you?*

EI . . . E = *his.* **EI** *is followed by soft mutation.*
E *can be left out.*

Ble mae ei dad e'n gweithio?	*Where does his father work?*
Wyt ti wedi gweld ei gar e?	*Have you seen his car?*
Mae e wedi papuro ei dŷ e.	*He has papered his house.*
Roedd e wedi rhoi ei lyfr e i mi.	*He had given his book to me.*

EI . . . HI = *her.* **EI** *is followed by aspirate mutation.*
HI *can be left out.*

Mae ei thad hi'n gweithio yn y dre.	*Her father works in the town.*
Ydych chi wedi gweld ei char hi?	*Have you seen her car?*
Roeddwn i wedi tynnu ei choes hi.	*I had pulled her leg.*
Mae e wedi yfed ei chwrw hi.	*He has drunk her beer.*

EI . . . HI, *and* **EI . . . E** *are also used for "her" and "him" when using verbs:*

Mae rhywun wedi ei chusanu hi	*Someone has kissed her.*
Roedden nhw wedi ei chario hi mas o'r dafarn.	*They had carried her out of the pub.*
Roeddwn i wedi ei weld ei neithiwr.	*I had seen him last night.*
Roedd e wedi ei gael e yn y raffl.	*He had him/it in the raffle.*

FY . . . I = *my.* **FY** *is followed by nasal mutation. (see page 64)*
I *can be left out, or* **FY** *can be left out, leaving the nasal mutation*

Mae rhywun wedi yfed fy nghwrw i.	*Someone has drunk my beer.*
Ydych chi wedi gweld fy nghar newydd i?	*Have you seen my new car?*
Rydw i wedi gwerthu fy nhocyn i.	*I have sold my ticket.*
Mae parti yn fy nhŷ i heno.	*There's a party in my house tonight.*

FY . . . *is also used for "me" when used with verbs:*

Roedd hi wedi fy ngweld i yn y parti.	*She had seen me in the party.*
Roedd e wedi fy nhaclo i yn y gêm.	*He had tackled me in the game.*
Mae Lerpwl wedi fy mhrynu i am gan mil o bunnoedd.	*Liverpool have bought me for £100,000*
Roedd yr athro wedi fy nghosbi i.	*The teacher had punished me.*

EIN . . . NI = *our*
EICH . . . CHI = *your*
EU . . . NHW = *their*

None of these is followed by a mutation. They can be used for "us", "you" and "them" with verbs:

Ydych chi wedi eu gweld nhw heddiw?	*Have you seen them today?*
Na, ond rydw i wedi gweld eu car nhw.	*No, but I've seen their car.*
Ble rydych chi wedi gadael eich car chi?	*Where have you left your car?*
Rydw i wedi ei adael e wrth yr orsaf.	*I've left it by the station.*
Ydych chi wedi gweld ein tŷ ni o'r blaen?	*Have you seen our house before?*
Na, ond roeddwn i wedi gweld eich fflat.	*No, but I had seen your flat.*
Ydy'ch car chi wedi torri?	*Has your car broken?*

* 'ch *is short for* EICH *after a vowel*

TREIGLADAU/*MUTATIONS*

MEDDAL/*SOFT*	TRWYNOL/*NASAL*	LLAES/*ASPIRATE*
C → G	NGH	CH
P → B	MH	PH
T → D	NH	TH
G drops out	NG	does not mutate
B → F	M	does not mutate
D → DD	N	does not mutate
LL → L	does not mutate	does not mutate
M → F	does not mutate	does not mutate
RH → R	does not mutate	does not mutate

ATEBWCH!

Ble rydych chi'n cadw eich car chi?
Ydy'ch car chi'n newydd?
Ydych chi wedi peintio'ch tŷ chi eleni? *(this year)*
Mae Abertawe yn yr ail adran *(second division)* –ydych chi wedi eu gweld nhw'n chwarae?
Ble mae eich cartre chi?
Oes rhywun wedi eich cusanu chi heddiw?
Pwy oedd wedi prynu eich cwrw chi neithiwr?
Oedd rhywun wedi eich gweld chi bore 'ma?
Ydych chi wedi darllen eich papur chi heddiw?
Oes rhywun yn eich caru chi?

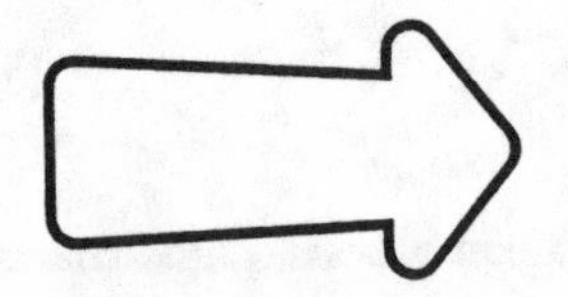

NOTICE!

If you make mistakes with mutations don't worry, you will be understood!

NOTE:
*These forms (**fy, dy, ei, ein** etc.) are used with 'CAEL' when we say that something is BEING done*

Mae'r gwaith yn cael ei wneud	*The work is being done (lit. the work is having itself done)*
Rydw i'n cael fy nghicio	*I'm being kicked*
Mae e'n cael ei weld	*He's being seen*
Mae hi wedi cael ei thalu	*She has been paid*
Rydyn ni wedi cael ein twyllo	*We've been cheated*
Maen nhw wedi cael eu holi	*They've been questioned*
Ydy e'n cael ei dalu bob wythnos?	*Is he paid every week?*
Dyw e ddim yn cael ei dalu'n aml	*He's not paid often*
Mae'r car wedi cael ei adael	*The car has been left*
Mae'r plant wedi cael eu taro	*The children have been hit*

SOME OF THE COMMONEST MUTATION RULES:

SOFT:

1. *Singular feminine nouns after "the". (About ½ Welsh nouns are feminine)*
2. *After* **DAU** *or* **DWY**
3. *AFTER these prepositions:* **AM, AR, AT, GAN, HEB, I, O, DAN, DROS, TRWY, WRTH, HYD**
4. *Adjectives after feminine nouns*
5. *Adjectives after* **YN**
6. *After* **MOR** *(so)*
7. *Object of short form of verb (see page 93)*
8. *After* **DY, EI** *(his)*

NASAL:

1. *After* **FY**
2. *After* **YN** *(in)*

ASPIRATE (OR SPIRANT):

1. *After* **TRI** *and* **CHWE**
2. *After* **A** *(and) and* **Â** *(with)*
3. *After* **EI** *(her)*

YN *(IN) + Nasal Mutation of nouns + placenames*

Caerdydd: yng Nghaerdydd
Pontypridd: ym Mhontypridd
Talybont: yn Nhalybont
Garnswllt: yng Ngarnswllt
Bangor: ym Mangor
Dinbych: yn Ninbych

Notice that yn *changes to* yng *and* ym *when followed by* ng *and* m

Trwsio'r Car

(Mending the Car)

GEIRFA

cyfaill = *friend*
sŵn = *noise*
rhyfedd = *strange*
piben wacáu = *exhaust pipe*
trwsio = *repair*
rhwd = *rust*
brêc = *brake*
olwyn = *wheel*
hylif = *fluid*
ceir = *cars*
tramor = *foreign*
peiriant = *engine*
rhoiodd = *gave*
ffafr = *favour*
meddai fe = *he said*
newydd ffonio = *just phoned*
allwedd = *key*
twll = *hole*
to = *roof*
modurdy = *garage*

Trwsio'r Car

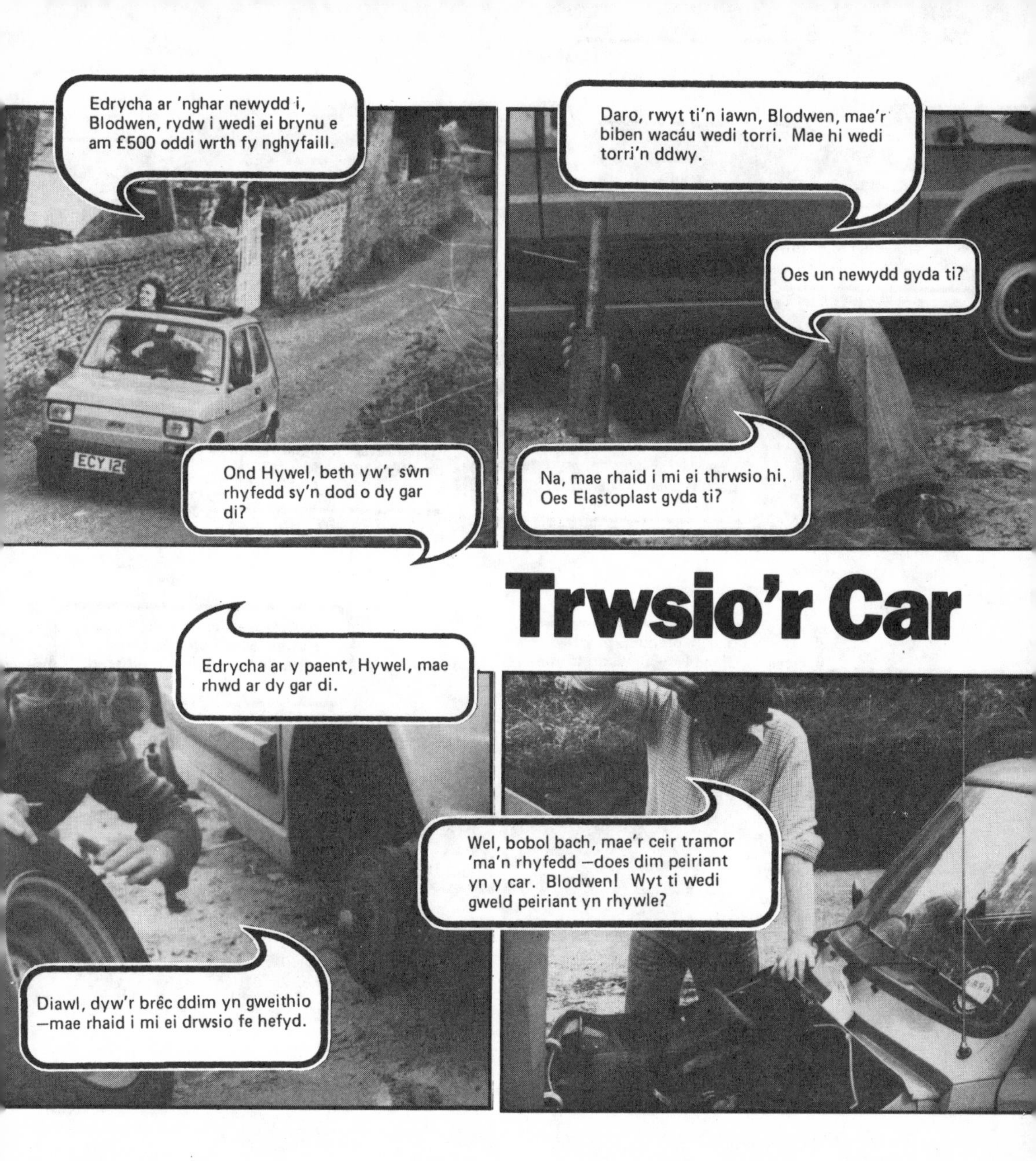
Edrycha ar 'nghar newydd i, Blodwen, rydw i wedi ei brynu e am £500 oddi wrth fy nghyfaill.
ECY 12
Ond Hywel, beth yw'r sŵn rhyfedd sy'n dod o dy gar di?
Daro, rwyt ti'n iawn, Blodwen, mae'r biben wacáu wedi torri. Mae hi wedi torri'n ddwy.
Oes un newydd gyda ti?
Na, mae rhaid i mi ei thrwsio hi. Oes Elastoplast gyda ti?
Edrycha ar y paent, Hywel, mae rhwd ar dy gar di.
Diawl, dyw'r brêc ddim yn gweithio —mae rhaid i mi ei drwsio fe hefyd.
Wel, bobol bach, mae'r ceir tramor 'ma'n rhyfedd —does dim peiriant yn y car. Blodwen! Wyt ti wedi gweld peiriant yn rhywle?

Beth yn y byd yw'r biben yma Blodwen?
Hei, Hywel, honno yw'r biben wacáu. Doda fe nôl ar unwaith. Oes sbaner gyda ti?
Oes. Hei, Blodwen, pryd mae'r parti'n dechrau heno?
Pa barti?
Parti Huw a Siân —maen nhw'n dathlu prynu eu tŷ newydd nhw. Gyda llaw, Blodwen, rhoiodd fy nghyfaill bedwar deg tun o lager i mi.
Pam Hywel?
Rydw i wedi gwneud ffafr â fe wrth brynu'r car, meddai fe.
LAGER
Rydw i'n gallu credu hynny'n iawn . . . Mae Huw newydd ffonio i ddweud bod y parti'n dechrau am wyth o'r gloch.
Iawn, rydw i'n gorffen rhoi'r olwynion yn ôl. Ydy'r cwrw yn y car yn barod?
Rydw i wedi ei roi e yn y car, Hywel. Mae'r cwrw'n barod, rydw i'n barod, wyt ti'n barod, Hywel?
Ydw, diawl, ble mae'r allwedd? A, dyma fe, bant â ni 'te.

RHAN 9

MYND I FFRAINC (Going to France)

Hywel:	Mae'n bryd i mi fynd â'r car i'r garej.	*It's time for me to take the car to the garage.*
Blodwen:	Beth sy'n bod arno fe?	*What's the matter with it?*
Hywel:	Beth sy ddim yn bod arno fe yw'r cwestiwn!	*What's not the matter with it is the question!*
Blodwen:	Ond rwyt ti newydd ei brynu fe.	*But you've just bought it.*
Hywel:	Roedd e'n rhad, cofia.	*It was cheap, remember.*
Blodwen:	Ie, rhad pan wyt ti'n ei brynu fe, a drud pan wyt ti'n ei drwsio fe.	*Yes, cheap when you buy it, and expensive when you repair it.*
Hywel:	Wel, does dim dewis gyda fi nawr – rydyn ni'n mynd i Ffrainc yn y car wythnos nesa.	*Well, I have no choice now – we are going to France in the car next week.*
Blodwen:	Os felly, gwell i ni gael yswiriant pum seren yr AA, yswiriant Europe Assistance ac yswiriant gwyliau'r RAC achos mae'r car yn siŵr o dorri lawr.	*If so, we'd better have AA's five star insurance, Europe Assistance insurance, and RAC's holiday insurance because the car is bound to break down.*

NEWYDD = *JUST*

If you want to say that something has JUST happened, replace WEDI *by* NEWYDD

CUDDIWCH UN OCHR

Mae Hywel newydd ddod.	*Hywel has just come.*
Ydy e newydd fynd?	*Has he just gone?*
Mae'r bws newydd gyrraedd.	*The bus has just arrived.*
Roeddwn i newydd brynu tocyn.	*I had just bought a ticket.*
Rydw i newydd ei weld e.	*I have just seen it.*
Mae'r gwesty newydd agor.	*The hotel has just opened.*
Rydyn ni newydd gael y car.	*We've just had the car.*
Roedden nhw newydd fynd i gysgu.	*They had just gone to sleep.*
Mae'r plant newydd ddod 'nôl.	*The children have just come back.*
Rydw i newydd fwyta.	*I have just eaten.*

ATEBWCH!

Ydych chi newydd godi?
Ydych chi newydd ddod adre o'r gwaith?
Ydych chi newydd ddarllen y papur?
Ydy'r eisteddfod newydd fod yn Llanbed?
Ydych chi newydd brynu *Welcome to Welsh*?
Oes rhywun newydd ddod i'ch tŷ?
Ydych chi newydd fod ar wyliau?
Ydych chi newydd ddechrau dysgu Cymraeg?
Ydych chi newydd brynu car newydd?
Ydych chi newydd fwyta?

NOTE: After NEWYDD, *c, p, t, g, b, d, ll, m, rh SOFT MUTATE*

SY

You are already using SY *in questions after* PWY *and* BETH *and* FAINT *(how many).*
You remember that SY *can also be used in answering these questions:*
PWY SY'N DOD? JOHN SY'N DOD.
BETH SY AR Y BWRDD? BRECWAST SY AR Y BWRDD.
FAINT O BLANT SY'N DOD? DAU DDEG O BLANT SY'N DOD.

ATEBWCH!

Pwy sy wedi ennill y goron yn yr eisteddfod eleni *(this year)*?
Beth sy wedi digwydd i waith dur Shotton?
Pwy sy wedi ennill Cwpan Pêl-droed Cymru eleni?
Beth sy yn Aberystwyth?
Beth sy yng Nghaerdydd?
Pwy sy wedi marw eleni?

SY *is also used for WHO IS/ARE, THAT IS/ARE*
e.g. Emyr Daniel sy'n darllen y newyddion.
Emyr Daniel yw'r dyn sy'n darllen y newyddion.

CUDDIWCH UN OCHR

Hywel Gwynfryn yw'r dyn sy ar Helo Bobol.	*Hywel Gwynfryn is the man who is on Helo Bobol.*
Dyma'r siop sy'n gwerthu hufen iâ.	*This is the shop that sells ice cream.*
Ble mae'r gwesty sy'n gwneud bwyd da?	*Where is the hotel that makes good food?*
Fe yw'r dyn sy'n chwarae i Gymru.	*He is the man who plays for Wales.*
Pwy yw'r bobl sy'n galw heno?	*Who are the people who are calling tonight?*

SY WEDI = *WHO HAS/HAVE THAT HAS/HAVE*

Pwy yw'r dyn sy wedi ennill y gadair?	*Who is the man who has won the chair?*
Hwn yw'r gwesty sy wedi cau.	*This is the hotel that has closed.*
Ble mae'r siop sy newydd agor?	*Where is the shop that has just opened?*
Ble mae'r car sy wedi torri lawr?	*Where is the car that has broken down?*
Siân yw'r fenyw sy wedi ennill.	*Siân is the woman who has won.*

NOTE: It is a mistake to use "pwy sy" *to translate "who is/are/has/have" etc. in these sentences. Use* "pwy" *ONLY in questions. Otherwise leave it out.*

OEDD YN/WEDI = *WHO/THAT WAS/WERE, HAD*

NOTE: It would again be a mistake to use "pwy" *in these sentences.*

Ble mae'r tîm oedd wedi ennill?	*Where is the team that had won?*
Fe yw'r dyn oedd yn y tŷ.	*He is the man who was in the house.*
Dyma'r gwesty oedd yn gwneud bwyd da	*This is the hotel that was making good food.*
Hi yw'r fenyw oedd wedi meddwi.	*She is the woman who was drunk.* (wedi meddwi = *drunk*)
Hwn yw'r car oedd yn y garej.	*This is the car that was in the garage.*

ATEBWCH!

Ydych chi wedi gweld y ffilm oedd ar y teledu neithiwr?
Ydych chi wedi bwyta'r bwyd oedd i frecwast heddiw?
Pwy oedd y dyn oedd gyda chi neithiwr?
Ydych chi wedi clywed y dyn oedd ar y radio o'r blaen *(before)*?
Pwy yw'r bobl sy'n dod i'r eisteddfod ar ddydd Gwener?
Pwy yw'r fenyw sy'n darllen y newyddion ar 'Newyddion Saith'?
Pwy yw'r dyn sy'n darllen y newyddion ar y Sianel?
Beth yw'r rhaglen sy'n dilyn y newyddion ar Radio Cymru?
Ydych chi wedi gweld y ddrama sy yn y theatr yr wythnos hon?

WRTH Y BWRDD
BY THE TABLE

llwy(au) = *spoon(s)*
cyllell (cyllyll) = *knife (knives)*
fforc (ffyrc) = *fork(s)*
plat(iau) = *plate(s)*
soser(i) = *saucer(s)*
cwpan(au) = *cup(s)*
jwg = *jug*
potel(i) = *bottle(s)*
bowlen(ni) = *dish, bowl(s)*
llestri = *dishes*
lliain bwrdd = *table cloth*
sosban(nau) = *saucepan(s)*
padell ffrio = *frying pan*

BWYD
FOOD

bara = *bread*
menyn = *butter*
llaeth = *milk*
jam = *jam*
cig = *meat*
afal(au) = *apple(s)*
oren(nau) = *orange(s)*
caws = *cheese*
pysgod = *fish*
(pysgodyn = *1 fish*)
tatws = *potatoes*
sglodion = *chips*
bresych = *cabbage*
moron = *carrots*
pys = *peas*
ffa = *beans*
wy(au) = *egg(s)*
teisen(nod)(nau) = *cake(s)*
te = *tea*
coffi = *coffee*
brecwast = *breakfast*
cinio = *dinner*
swper = *supper*
i frecwast = *for breakfast*
i ginio = *for dinner*
i de = *for tea*

YN Y TŶ
IN THE HOUSE

ystafell(oedd) = *room(s)*
ystafell wely = *bedroom*
ystafell ymolchi = *bathroom*
ystafell fyw = *living room*
ystafell fwyta = *dining room*
lolfa = *lounge*
y gegin = *the kitchen*
tŷ bach = *toilet*
grisiau = *stairs*
drws blaen = *front door*
drws cefn = *back door*
bwrdd (byrddau) = *table(s)*
cadair (cadeiriau) = *chair(s)*
carped = *carpet*
cwpwrdd = *cupboard*
llun(iau) = *picture(s)*
cyntedd = *hall, passage*
yr ardd = *the garden*
gardd = *garden*

Rydw i'n moyn . . . *I want* . . .

peint o laeth	*a pint of milk*
pwys o fenyn	*a lb of butter*
torth o fara	*a loaf of bread*
tun o gawl	*a tin of soup*
potel o bop	*a bottle of pop*

pwys o . . .	*a lb of . . .*
	[+ soft mutation]
dwsin o . . .	*a dozen . . .*

Pryd o Fwyd

(A Meal)

GEIRFA

penblwydd = *birthday*
paratoi = *to prepare*
fy hun = *my own*
pryd o fwyd = *meal*
syniad = *idea*
gwesty = *hotel*
drud = *expensive*
rhag ofn = *in case*
bydda i wedi meddwi = *I will be drunk*
cwrtais = *polite*
tybed = *I wonder*
bwydlen = *menu*
sglods = *chips*
anrheg = *present*
cylch = *circle*
cig = *meat*
dim shwd lwc = *no such luck*
bachan = *boyo*
blasus = *tasty*
anghofio = *forget*
picellau = *darts*

Pryd o Fwyd

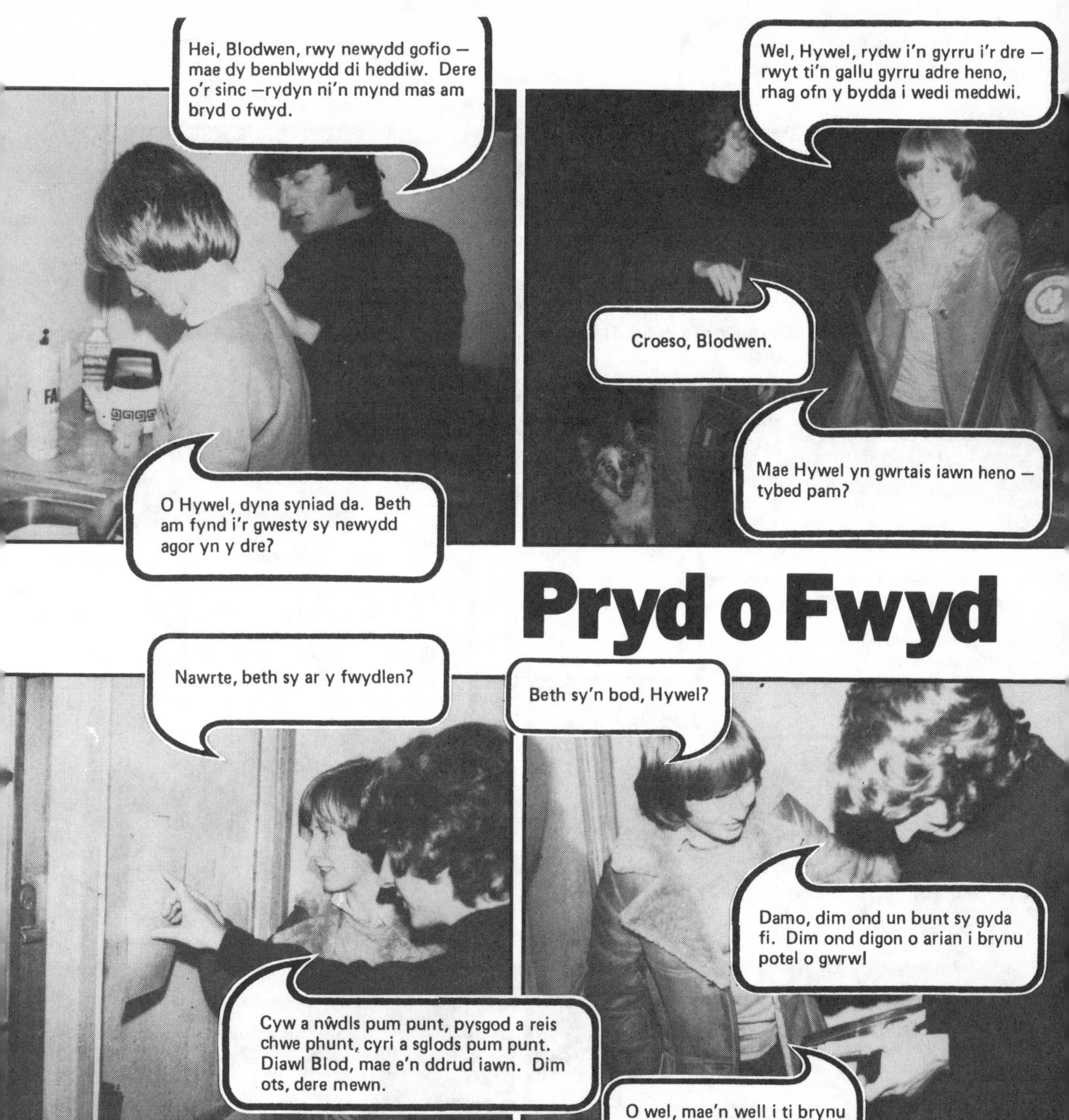

Hei, Blodwen, rwy newydd gofio — mae dy benblwydd di heddiw. Dere o'r sinc —rydyn ni'n mynd mas am bryd o fwyd.
O Hywel, dyna syniad da. Beth am fynd i'r gwesty sy newydd agor yn y dre?
Wel, Hywel, rydw i'n gyrru i'r dre — rwyt ti'n gallu gyrru adre heno, rhag ofn y bydda i wedi meddwi.
Croeso, Blodwen.
Mae Hywel yn gwrtais iawn heno — tybed pam?
Nawrte, beth sy ar y fwydlen?
Cyw a nŵdls pum punt, pysgod a reis chwe phunt, cyri a sglods pum punt. Diawl Blod, mae e'n ddrud iawn. Dim ots, dere mewn.
Beth sy'n bod, Hywel?
Damo, dim ond un bunt sy gyda fi. Dim ond digon o arian i brynu potel o gwrw!
O wel, mae'n well i ti brynu potel.

Jiw, Blodwen, roedd y botel fach yma'n costio naw deg naw ceiniog. Ond dim ots, dyma anrheg penblwydd i ti.
Beth ydyn ni'n gwneud nawr, Hywel?
Beth am fynd nôl i'r tŷ i fwyta'r cylchoedd cig?
Grêt —cwrw a chig. Wedyn rydw i'n mynd lawr i'r dafarn i gael gêm o ddarts.
Dim shwd lwc, bachan. Rwyt ti'n aros yn y tŷ gyda fi —fi sy'n cael penblwydd heno.
Mae'n flin 'da fi, Hywel, ond does dim saws yma, dim ond cylch cig a bara. (Bydd e'n cofio'r arian y tro nesa, rwy'n siŵr.)
Dim ots, Blodwen, mae'r cwrw'n dda.
Rydw i'n mynd i edrych ar y teledu.
Dyw'r bwyd ddim yn ffit i gi! Ac mae'n rhaid i mi olchi'r llestri! A dydw i ddim yn gallu chwarae picellau heno. A dim ond Gwyn Erfyl sy ar y teledu. Rydw i'n mynd i'r gwely.

RHAN 10

BRECWAST (Breakfast)

Hywel:	Mae'r cloc larwm newydd ganu, Blodwen –mae'n amser codi.	*The alarm clock has just rung, Blodwen, it's time to get up.*
Blodwen:	Diawl, mae hi'n wyth o'r gloch. Dy dro di yw hi i wneud brecwast.	*Devil, it's eight o'clock. It's your turn to make breakfast.*
Hywel:	O'r gorau. Ble mae'r llaeth oedd yn yr oergell, Blodwen?	*Where is the milk that was in the fridge, Blodwen?*
Blodwen:	Mae'r dyn llaeth newydd ddod, – agora'r drws blaen.	*The milkman has just come –open the front door.*
Hywel:	Ble mae'r bara oedd yn y bin bara? A does dim sôn am y coffi.	*Where's the bread that was in the bread bin? And there's no sign (lit. mention) of the coffee.*
Blodwen:	Defnyddia'r bara sy ar y bwrdd, y mwlsyn.	*Use the bread that's on the table, stupid person.*
Hywel:	Ond dydw i ddim yn gallu ffeindio'r tegell. A Blodwen, ble mae'r mêl?	*But I can't find the kettle. And Blodwen, where's the honey?*
Blodwen:	Dwyt ti'n dda i ddim. Rydw i'n codi nawr –gad e i fi. Golcha di'r llestri.	*You're good for nothing. I'm getting up now, –leave it to me. You wash the dishes.*

BOD *. . . is used to translate the construction (that) there is/are or (that) the . . . is/are (with prepositions – on, by, in etc.)*

CUDDIWCH UN OCHR

Rydw i'n gwybod bod bwyd yn y tŷ	*I know there is food in the house*
Rydw i'n credu bod llaeth yma	*I think there is milk here*
Rydw i'n siŵr bod bara ar y bwrdd	*I'm sure there is bread on the table*
Mae e'n dweud bod orennau yma	*He says there are oranges here*
Maen nhw'n credu bod ffrwythau yn y siop	*They think there is fruit in the shop*

BOD *. . . is used to translate (that) there/was/were or (that) there . . . was/were (AFTER ROEDD etc.)*

Roedd hi'n dweud bod menyn yn yr oergell	*She said there was butter in the fridge*
Roedd syniad gyda fi bod coffi yma	*I had an idea there was coffee here*
Roedd e'n credu bod siop wrth y sgwâr	*He thought there was a shop by the square*
Roedden nhw'n siŵr bod stampiau gyda nhw	*They were sure they had stamps*

BOD . . . YN *. . . is used to translate (that) . . . is/(that) . . . are/(with verbs)*

CUDDIWCH UN OCHR

Rydw i'n gwybod bod y siop yn gwerthu cig	*I know the shop sells meat*
Mae e'n dweud bod y cig yn ddrud	*He says the meat is expensive*
Maen nhw'n dweud bod y cig yn rhad	*They say the meat is cheap*
Mae hi'n siŵr bod ffrwythau'n rhad yma	*She is sure fruit is cheap here*
Rydw i'n credu bod y siopau'n agor am naw	*I think the shops open at nine*
Ydych chi'n gwybod bod y siop yn cau am un?	*Do you know the shop closes at one?*

BOD . . . YN *. . . is used to translate (that) . . . was/were (*after *ROEDD*, etc.*)*

Oeddech chi'n gwybod bod Huw yn dod?	*Did you know Huw was coming?*
Oeddech chi'n gwybod bod y tatws yn hen?	*Did you know the potatoes were old?*
Doedd e ddim yn credu bod swper yn barod	*He did not believe supper was ready*
Doedd hi ddim yn gwybod bod y llaeth yn sur	*She did not know the milk was sour*

BOD . . . WEDI . . . *is used to translate (that) . . . has/have*

Ydych chi'n gwybod bod y siop wedi cau?	*Do you know the shop has closed?*
Rydw i'n siŵr bod y dafarn wedi agor	*I am sure the pub has opened*
Rydw i'n gobeithio bod y dyn llaeth wedi dod	*I hope the milkman has come*
Mae hi'n credu bod y te wedi oeri	*She thinks the tea has gone cold*

BOD . . . WEDI . . . *is used to translate (that) . . . had (AFTER ROEDD)*

Roedd e'n siŵr bod y bara wedi gorffen	*He was sure the bread had finished*
Roedden ni'n gobeithio bod y cigydd wedi agor	*We hoped the butcher's had opened*
Roedden nhw'n synnu bod popeth wedi mynd	*They were surprised everything had gone*
Roeddwn i'n siŵr bod y papurau wedi dod	*I was sure the papers had come*

Ydych chi'n cofio 'EI . . . E' *(his)*? **(ei lyfr e =** *his book*) **Dysgwch:**

EI FOD E – *(that) he is/was*
EI FOD E'N – *(that) he is/was . . .*
EI FOD E WEDI – *(that) he has/had . . .*

WITH VERBS

FY MOD I – *(that) I am/was*
DY FOD TI – *(that) you are/were*
EI FOD E – *(that) he is/was*
EI BOD HI – *(that) she is/was*
EIN BOD NI – *(that) we are/were*
EICH BOD CHI – *(that) you are/were*
EU BOD NHW – *(that) they are/were*

CUDDIWCH UN OCHR

Rydw i'n gobeithio fy mod i'n mynd heno	*I hope I'm going tonight*
Rydw i'n gwybod dy fod ti'n mynd	*I know you are going*
Rydw i'n gwybod ei fod e'n hoffi siopa	*I know he likes shopping*
Mae hi'n credu ein bod ni wedi prynu tatws	*She thinks we have bought potatoes*
Roedd e'n credu ein bod ni'n dod	*He thought we were coming*
Oeddech chi'n gwybod ei fod e'n cadw siop?	*Did you know he keeps a shop? (or was keeping)*

Doeddwn i ddim yn credu ei fod e wedi prynu popeth	*I did not believe he had bought everything*
Roedden nhw'n gwybod ein bod ni wedi bwyta popeth	*They knew we had eaten everything*
Oedd hi'n credu dy fod ti wedi yfed y gwin?	*Did she think you had drunk the wine?*
Roedden ni'n siŵr eu bod nhw wedi gwerthu'r siop	*We were sure they had sold the shop*

BOD . . . DDIM YN/WEDI *is used to translate (that) . . . is/are/was/were/has/have/had NOT*

CUDDIWCH UN OCHR

Rydw i'n gwybod bod Huw ddim wedi prynu bwyd	*I know Huw has not bought food*
Mae hi'n siŵr bod y bara ddim yn hen	*She is sure the bread is not old*
Roedd hi'n synnu bod y siop ddim wedi agor	*She was surprised the shop had not opened*
Wyt ti'n gwybod bod y llaeth ddim wedi dod?	*Do you know the milk has not come?*

BOD DIM *. . . is used to translate (that) there is/was no*

Rydw i'n gwybod bod dim bwyd yma	*I know there is no food here*
Roeddwn i'n credu bod dim cwrw yn y tŷ	*I thought there was no beer in the house*
Ydych chi'n cofio bod dim tafarn ar agor heddiw?	*Do you remember there is no pub open today?*
Roedd hi'n siŵr bod dim byd yn yr oergell	*She was sure there was nothing in the fridge*

COFIWCH/*REMEMBER*

BOD . . . YN *automatically changes from "(that) . . . is" to "(that) . . . was" if you use it in a sentence beginning with* roedd.

BOD . . . WEDI *in the same way changes from "(that) . . . has" to "(that) . . . had" in sentences beginning with* roedd.

Faint yw . . . ?	*How much is . . . ?*
Beth yw pris . . . ?	*What is the price of . . . ?*

ARIAN/*MONEY*

1p	un geiniog*
2p	dwy geiniog*
3p	tair ceiniog
4p	pedair ceiniog
5p	pum ceiniog
6p	chwe cheiniog*
7p	saith ceiniog
8p	wyth ceiniog
etc.	

£1	un bunt*
£2	dwy bunt*
£3	tair punt
£4	pedair punt
£5	pum punt
£6	chwe phunt*
£7	saith punt
£8	wyth bunt
etc.	

½p	dime	
per pound (lb)	y pwys	
a pound of	pwys o	*followed by soft mutation*
a packet of	pecyn o	
a dozen of	dwsin o	
a loaf of	torth o	

* *Notice Soft Mutation of feminine nouns after* un + dwy

* *Masculine nouns soft mutate after* dau

* *Notice aspirate mutation of nouns after* chwe

DILLAD *CLOTHES*

cot(iau) = *coat(s)*
het(iau) = *hat(s)*
esgid(iau) = *shoe(s)*
siwt(iau) = *suit(s)*
siaced(i) = *jacket(s)*
siwmper(i) = *jumper(s)*
trowsus = *trousers*
ffrog(iau) = *frock(s)*
gwisg(oedd) = *dress(es)*
cardigan = *cardigan*
crys(au) = *shirt(s)*
blows(ys) = *blouse(s)*
tei(s) = *tie(s)*
hosan(nau) = *sock(s), stocking(s)*
trôns = *pants*
fest = *vest*
sgert(iau) = *skirt(s)*
pais = *petticoat*
bronglwm = *bra*

Siopa am Siwgr

(Shopping for Sugar)

GEIRFA

sylweddoli = *realise*
gwag = *empty*
anghofio = *forget*
rhestr = *list*
synnu = *to be surprised*
cymaint = *so much*
pwys = *pound*
mecryll = *mackerels*
gwynto = *smell*
haeddu = *deserve*
o leiaf = *at least*
blawd = *flour*
cig moch = *bacon*
cyfle = *opportunity*
bant â fi = *off I go*

Siopa am Siwgr

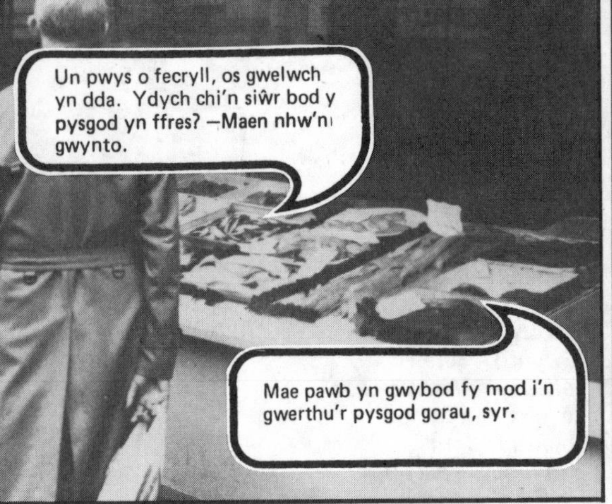

Dairy products
Cynnyrch llaeth
Esgusodwch fi, ble mae'r siwgr?
Rwy'n credu bod y siwgr yr ochr arall i'r offer ymolchi.

Frozen foods
Rhewfwyd
Haleliwia, y siwgr. Rwy'n siŵr fy mod i wedi cael popeth nawr — pysgod, llŷsiau, ffrwythau, bara, cocos, coffi —a siwgr.

O'r diwedd! Rwy'n siŵr fy mod i'n haeddu medal am siopa heddiw neu o leiaf peint neu ddau.

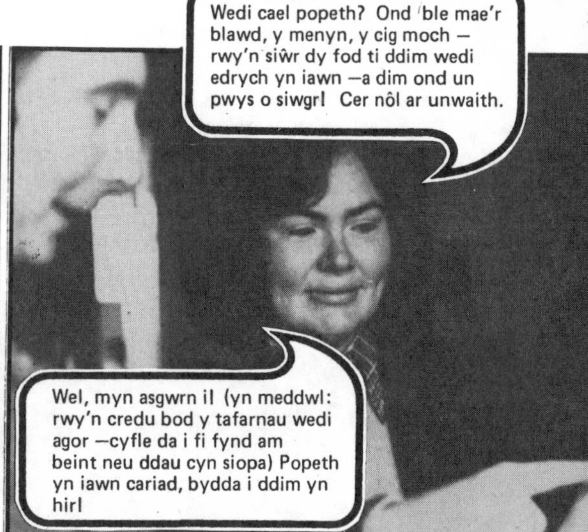
Wedi cael popeth? Ond ble mae'r blawd, y menyn, y cig moch — rwy'n siŵr dy fod ti ddim wedi edrych yn iawn —a dim ond un pwys o siwgr! Cer nôl ar unwaith.
Wel, myn asgwrn i! (yn meddwl: rwy'n credu bod y tafarnau wedi agor —cyfle da i fi fynd am beint neu ddau cyn siopa) Popeth yn iawn cariad, bydda i ddim yn hir!

RHAN 11

PRYNU PEIRIANT GOLCHI (Buying a washing machine)

Hywel:	Wyt ti wedi clywed bod pythefnos o wyliau gyda fi ym mis Awst eleni?	*Have you heard that I have a fortnight's holiday in August this year?*
Blodwen:	Rwyt ti'n lwcus. Beth ydyn ni'n mynd i wneud?	*You're lucky. What are we going to do?*
Hywel:	Wel, rwy'n credu ei bod hi'n bryd i ni fynd i'r cyfandir.	*Well, I think it's time for us to go to the continent.*
Blodwen:	Wyt ti'n credu bod digon o arian gyda ni?	*Do you think we've got enough money?*
Hywel:	Rwy'n siŵr bod ychydig gyda ni yn y banc.	*I'm sure we've got a little in the bank.*
Blodwen:	Rwyt ti'n gwybod fy mod i'n moyn cael peiriant golchi llestri?	*You know that I want to have a dish-washer?*
Hywel:	Wyt ti'n gwybod faint mae e'n costio?	*Do you know how much it costs?*
Blodwen:	Dim llawer –dim ond tua dau neu dri chan punt.	*Not much –only about two or three hundred pounds.*
Hywel:	Ond dyna i gyd sy gyda fi yn y banc.	*But that's all I have in the bank.*
Blodwen:	Wel, rydyn ni'n gallu mynd i'r cyfandir y flwyddyn nesa. Beth bynnag, mae rhaid i ni beintio'r tŷ eleni.	*Well, we can go to the continent next year. In any case, we have to paint the house this year.*

Y DYFODOL/ *THE FUTURE*

Bydda i – *I will*
Byddi di – *you will*
Bydd e – *he will*
Bydd hi – *she will*
Bydd Alun – *Alun will*
Bydd y plant – *the children will*
Byddwn ni – *we will*
Byddwch chi – *you will*
Byddan nhw – *they will*

CUDDIWCH UN OCHR

Bydda i gartre yfory	*I will be home tomorrow*
Bydd e yn y tîm ar ddydd Sadwrn	*He will be in the team on Saturday*
Byddwn ni yn yr Almaen yn yr haf	*We will be in Germany in the summer*
Byddan nhw wrth y tŷ am saith	*They will be by the house at seven*
Bydd Huw ar y teledu heno	*Huw will be on television tonight*

RHAID

Bydd rhaid i mi fynd i'r gwaith yfory	*I will have to go to work tomorrow*
Bydd rhaid i ni gael gwyliau eleni	*We will have to have a holiday this year*
Bydd rhaid i ni fynd ar wyliau ym mis Awst	*We will have to go on holiday in August*
Bydd rhaid i Huw dalu am y tocyn	*Huw will have to pay for the ticket*
Bydd rhaid iddyn nhw ddod hefyd	*They will have to come as well*

GYDA BERFAU/*WITH VERBS* + 'N/YN

Bydda i'n mynd i Sbaen yn 1982	*I will go to Spain in 1982*
Byddan nhw'n mynd mewn trên	*They will go in a train*
Bydd y plant yn mynd gyda llong	*The children will go by ship*
Byddi di'n mwynhau yno	*You will enjoy there*
Bydd hi'n torheulo trwy'r dydd	*She will sunbathe all day*

CWESTIYNAU

Newidiwch y B ar y dechrau i F/*Change the initial B to F*

Fyddwch chi'n dod gyda ni?	*Will you come with us?*
Fydd rhaid i ni fynd?	*Will we have to go?*
Fydd hi'n braf yn Sbaen?	*Will it be fine in Spain?*
Fyddan nhw'n gwersylla yno?	*Will they camp there?*
Fyddwch chi'n gallu mynd?	*Will you be able to go?*

ATEBION

Bydda = *Yes (I will)*	Na fydda = *No*	
Byddi = *Yes (you will)*	Na fyddi	
Bydd = *Yes (he or she will)*	Na fydd	*OR SIMPLY SAY* NA
Byddwn = *Yes (we will)*	Na fyddwn	
Byddwch = *Yes (you will)*	Na fyddwch	
Byddan = *Yes (they will)*	Na fyddan	

Fyddwch chi'n dod? – Bydda	*Will you come? – Yes*
Fydd e'n gallu dod? – Bydd	*Will he be able to come? – Yes*
Fydd y tîm yn chwarae? – Na	*Will the team play? – No*
Fydd gwyliau gyda ni? – Na	*Will we have holidays? – No*
Fyddi di'n gallu mynd? – Bydda	*Will you be able to go? – Yes*

NEGYDDOL/*NEGATIVE*

Newidiwch y B ar y dechrau i F, a rhowch DDIM yn y frawddeg
Change the initial B to F and put DDIM *in the sentence*

Fydda i ddim yn dod	*I will not come*
Fydda i ddim yn cael gwyliau eleni	*I won't be having holidays this year*
Fyddwch chi ddim yn gallu mynd	*You won't be able to go*
Fyddan nhw ddim ar y trên	*They won't be on the train*
Fyddwn ni ddim yn hedfan	*We won't be flying*

FYDD DIM = *THERE WON'T BE*

Fydd dim llawer o bobl yno	*There won't be many people there*
Fydd dim glaw yno yn yr haf	*There won't be rain there in summer*
Fydd dim byd i wneud yno	*There won't be anything to do there*
Fydd dim awyren yn hedfan heno	*No aeroplane will fly tonight*
Fydd dim rhaid yfed trwy'r nos	*There won't be a need (=it won't be necessary) to drink all night*

To translate the construction "(that) I will" etc. just use ". . . bydda i, . . . byddi di, . . ., bydd e" *etc. This can be preceeded by* Y. *Use* "fydd . . . ddim" *for "will not".*

Rydw i'n credu bydd hi'n bwrw glaw heddiw	*I think (that) it will rain today*
Ydych chi'n gwybod y byddwn ni yno?	*Do you know (that) we'll be there?*
Ydych chi'n siŵr y byddwch chi'n dod?	*Are you sure (that) you will come?*
Mae e'n credu y bydd e'n dod	*He thinks that he will come*
Mae e'n credu fydd e ddim yn dod	*He thinks (that) he won't come*

GWLEDYDD
COUNTRIES

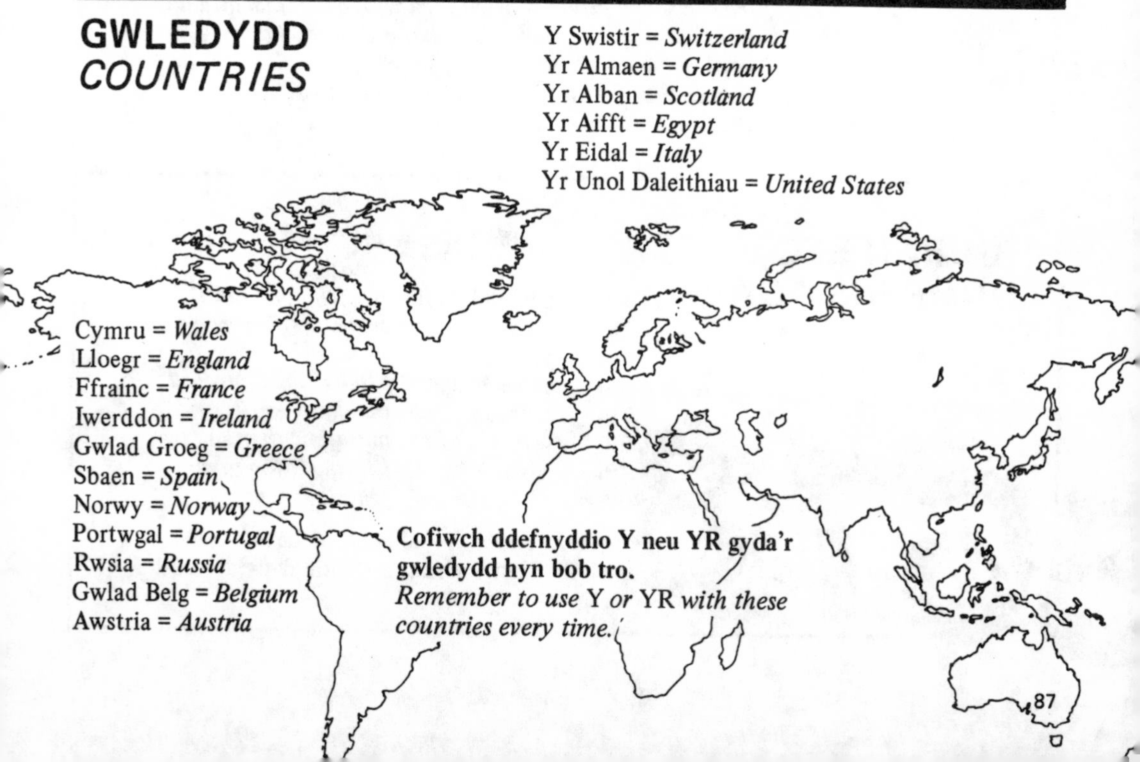

Y Swistir = *Switzerland*
Yr Almaen = *Germany*
Yr Alban = *Scotland*
Yr Aifft = *Egypt*
Yr Eidal = *Italy*
Yr Unol Daleithiau = *United States*

Cymru = *Wales*
Lloegr = *England*
Ffrainc = *France*
Iwerddon = *Ireland*
Gwlad Groeg = *Greece*
Sbaen = *Spain*
Norwy = *Norway*
Portwgal = *Portugal*
Rwsia = *Russia*
Gwlad Belg = *Belgium*
Awstria = *Austria*

Cofiwch ddefnyddio Y neu YR gyda'r gwledydd hyn bob tro.
Remember to use Y *or* YR *with these countries every time.*

NOTICE!

Beth ydych chi'n gwneud? *When written in literary Welsh should be:*
Beth ydych chi'n ei wneud? *When spoken it is often said thus:*
Beth ydych chi'n wneud? [or neud]

ATEBWCH

Ble byddwch chi yn yr haf?
Beth fyddwch chi'n gwneud yn y gwyliau?
Pryd byddwch chi'n mynd ar eich gwyliau?
Sut byddwch chi'n teithio yno?
Fyddwch chi'n mynd i'r cyfandir eleni?
Fyddwch chi'n gallu mynd ar eich gwyliau ym mis Awst?
Beth fyddwch chi'n yfed yn y dafarn heno?
Fyddwch chi'n mynd allan dydd Sadwrn?
(NOTE: The future is often used with a habitual meaning – not implying the future, but what is done by habit)
Pryd byddwch chi'n codi yn y bore?
Fyddwch chi'n mynd i'r dafarn bob nos Sadwrn?
Beth fyddwch chi'n gwneud yn y nos?

RHIFAU ETO
NUMBERS AGAIN

1st	cyntaf *[follows the noun]*	
2nd	ail	
3rd	trydydd (trydedd = *feminine form*)	
4th	pedwerydd (pedwaredd = *feminine form*)	
5th	pumed	
6th	chweched	*[2nd-10th all preceed*
7th	seithfed	*the noun –soft*
8th	wythfed	*mutation after* ail;
9th	nawfed	*soft mutation of all*
10th	degfed	*feminine nouns]*

March the eleventh = Mawrth un-deg-un
April the twenty seventh = Ebrill dau-ddeg-saith

5678

YSGRIFENNU LLYTHYR
WRITING A LETTER

Annwyl = *Dear*
Yn gywir = *Yours sincerely, or*
Yours faithfully
Yn gywir iawn = *Yours very sincerely*
Cofion gorau = *Best wishes*
Pob hwyl = *All the best*
Cofion cynnes = *Warmest regards*
Gyda chariad = *With love*

Trefnu Gwyliau

(Arranging a holiday)

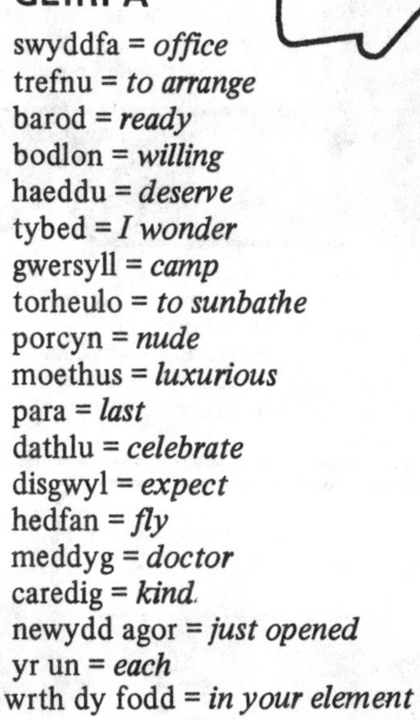

GEIRFA

swyddfa = *office*
trefnu = *to arrange*
barod = *ready*
bodlon = *willing*
haeddu = *deserve*
tybed = *I wonder*
gwersyll = *camp*
torheulo = *to sunbathe*
porcyn = *nude*
moethus = *luxurious*
para = *last*
dathlu = *celebrate*
disgwyl = *expect*
hedfan = *fly*
meddyg = *doctor*
caredig = *kind*
newydd agor = *just opened*
yr un = *each*
wrth dy fodd = *in your element*

Trefnu Gwyliau

Fyddwch chi'n moyn teithio mewn trên, awyren neu mewn llong?
'ewn awyren —dim ond ythefnos o wyliau fydd gyda ni — bydd yn well i ni dreulio amser yn baen yn lle mewn trên neu ar long.
Iawn, bydda i'n ffonio nawr. "Rydw i'n moyn cadw lle i ddau ar awyren i Barcelona ar ddechrau mis Awst. Oes lle gyda chi? . . . dau berson, yn ôl ac ymlaen . . . popeth yn iawn? . . . hyfryd, diolch. Pob hwyl." Oes, mae lle i chi ar yr awyren. Bydda i'n sgrifennu nawr at y gwersyll i gadw lle i chi.
Bydd yr awyren yn gadael Caerdydd am naw y bore, wedyn byddwch chi'n hedfan i Amsterdam, ac yn Amsterdam byddwch chi'n dal awyren i Barcelona. Bydd y daith yn para tair awr.
Beth am fagiau?
Wel, byddwch chi'n gallu mynd ag un cês yr un. Fydd hynny'n ddigon?
Wel, bydd dim angen llawer o ddillad arnon ni, fydd e Blod?
ı y tŷ y noson honno . . .
Wel, Blod, mae popeth wedi gweithio mas yn iawn. Mewn chwe mis, byddwn ni'n teithio'n bell, bell. Beth am ddathlu?
Rwy'n edrych ymlaen, Hywel. Beth fydda i'n gallu gwisgo, Hywel? Bydd rhaid i fi brynu ffrog haf newydd, a bydda i'n prynu gwisg nofio newydd, a bydda i'n prynu sgert i wisgo ar y traeth . . .
Ond tri mis yn ddiweddarach
Mae'r meddyg wedi dweud 'mod i'n disgwyl baban, Hywel — roedden ni wedi dathlu gormod y noson honno tri mis yn ôl.
Fyddi di'n gallu mynd i Costa Ariana nawr?
Mae'r meddyg wedi dweud fydd hi ddim yn dda i fi hedfan. Felly bydda i'n aros gartre. Ond mae rhaid i ti fynd, Hywel, er mwyn cael gwyliau cyn i'r baban ddod.
Rwyt ti'n garedig, Blodwen. (Bydda i'n gallu dysgu chwarae hoci.)

RHAN 12

SIOPA (Shopping)

Hywel:	Beth fyddwn ni'n 'wneud dydd Sadwrn, Blodwen?	*What will we be doing on Saturday, Blodwen?*
Blodwen:	Bydda i'n siopa yn y bore, ac yn y prynhawn . . .	*I will be shopping in the morning, and in the afternoon . . .*
Hywel:	Fyddi di adre cyn dau o'r gloch?	*Will you be home before two o'clock?*
Blodwen:	Pam wyt ti'n gofyn?	*Why are you asking?*
Hywel:	Wel, bydd Alun yn dod yma tua dau, a bydd e'n moyn mynd i'r gêm yn y dre.	*Well, Alun will be coming here around two, and he will want to go to the game in town.*
Blodwen:	Ond mae Siân wedi dweud bydd hi'n dod yma gyda'r teulu.	*But Siân has said that she will come here with the family.*
Hywel:	Popeth yn iawn, 'te –bydda i yn y gêm, a byddi di'n gallu siarad gyda Siân. (Yn meddwl: ac ar ôl y gêm bydda i'n gallu mynd i'r dafarn – bydda i'n iawn am y nos.)	*Everything's all right then –I shall be in the game, and you'll be able to talk to Siân. (Thinking: and after the game, I'll be able to go to the pub –I'll be alright for the night.)*
Blodwen:	A bydd yn rhaid i ti ddod 'nôl yn syth ar ôl y gêm –os ydw i'n dy nabod di'n iawn, byddi di yn y dafarn trwy'r nos.	*And you'll have to come back straight after the game –if I know you properly, you'll be in the pub all night.*
Hywel:	O'r gorau, Blodwen.	*All right, Blodwen.*

PAST TENSE (The Perfect Tense)

Y GORFFENNOL/*PAST TENSE*
(Saesneg: *I WENT, I CAME, I DID . . .*)

MYND	**DOD**	**GWNEUD**
es i – *I went*	des i – *I came*	gwnes i – *I did*
est ti – *you went*	dest ti – *you came*	gwnest ti – *you did*
aeth e – *he went*	daeth e – *he came*	gwnaeth e – *he did*
aeth hi – *she went*	daeth hi – *she came*	gwnaeth hi – *she did*
aeth Alun – *Alun went*	daeth Alun – *Alun came*	gwnaeth Alun – *Alun did*
aethon ni – *we went*	daethon ni – *we came*	gwnaethon ni – *we did*
aethoch chi – *you went*	daethoch chi – *you came*	gwnaethoch chi – *you did*
aethon nhw – *they went*	daethon nhw – *they came*	gwnaethon nhw – *they did*

aeth y plant – *the children went*
daeth y plant – *the children came*
gwnaeth y plant – *the children did*

CUDDIWCH UN OCHR

Es i i'r Swistir yn yr haf	*I went to Switzerland in the summer*
Aethon ni gyda'r bws	*We went by bus*
Aethon nhw gyda'r awyren	*They went by plane*
Daethon nhw adre'n gynnar	*They came home early*
Aethon nhw i weld y mynyddoedd	*They went to see the mountains*
Daethon nhw nôl trwy Ffrainc	*They came back through France*
Aeth Alun a Huw i'r Eidal i sgïo	*Alun and Huw went to Italy to ski*

After GWNES I *etc., the object of the verb is soft-mutated if it doesn't have* Y, YR *or* 'R *before it.*

Gwnes i lawer o bethau yn y gwyliau	*I did many things in the holidays*
Gwnaeth e'r gwaith yn gyflym	*He did the work quickly*
Gwnaethon ni ginio ac wedyn aethon ni	*We made dinner and then we went*
Gwnaethoch chi bopeth, chwarae teg	*You did everything, fair play*
Gwnaethon nhw ddigon o ffwdan	*They made a lot of fuss*
Gwnaeth hi goffi i bawb	*She made coffee for everyone*
Gwnest ti fwyd i'r teulu i gyd	*You made food for all the family*

CWESTIYNAU

Soft mutate the first letter

Aethoch chi ar wyliau eleni?	*Did you go on holiday this year?*
Ddaethoch chi adre ym mis Awst?	*Did you come home in August?*
Wnaethoch chi unrhyw beth diddorol yno?	*Did you do anything interesting there?*
Aeth e gyda'r teulu?	*Did he go with the family?*
Ddaeth Alun nôl yn ddiogel?	*Did Alun come home safely?*
Wnaeth hi bopeth ar ôl dod nôl?	*Did she do everything after coming back?*
Aethon nhw i'r gwely'n gynnar?	*Did they go to bed early?*
Ddaethon nhw ar y trip gyda ni?	*Did they come on the trip with us?*

ATEBION

YES = DO *NO* = NADDO

ENGHREIFFTIAU *Examples*

Aethoch chi i'r dre? **DO**
Aethoch chi yn y bore? **NADDO**
Aethoch chi yn y prynhawn? **DO**
Aeth e adre? **DO**
Ddaeth e yma? **NADDO**

Wnaethon nhw'r gwaith? **DO**
Wnaeth hi goffi? **NADDO**
Ddaethoch chi ddoe? **NADDO**
Aeth Alun adre? **DO**
Ddaeth y dynion heddiw? **NADDO**

BRAWDDEGAU NEGYDDOL
Negative sentences

Soft mutate first word

General statements: use **DDIM**

Aeth hi ddim i siopa bore 'ma	*She didn't go shopping this morning*
Aethon ni ddim i'r gêm ddoe	*We didn't go to the game yesterday*
Aethon nhw ddim ar wyliau eleni	*They didn't go on holiday this year*
Ddaethoch chi ddim i'r parti neithiwr	*You didn't come to the party last night*
Ddest ti ddim adre o gwbl neithiwr	*You didn't come home at all last night*
Wnaeth e ddim byd trwy'r bore	*He didn't do anything all morning*
Wnes i ddim coffi na the	*I didn't make any coffee or tea*
Ddaethon nhw ddim yma ar y bws	*They didn't come here on the bus*

For specific statements (when talking about a particular person or thing) use MO *(short for* DDIM O*)*

Wnaeth e mo'r gwaith heddiw	*He didn't do the work today*
Wnaethon nhw mo'r bwyd	*They didn't do the food*
Wnes i mo'r coffi	*I didn't do the coffee*
Wnaethon ni mo fe	*We didn't do it*
Wnaethoch chi mo fe chwaith	*You didn't do it either*

BOD = *to be*

When used in the past, it is sometimes equivalent to 'went' or 'did' in English

bues i – *I was*	buodd hi – *she was*	buon ni – *we were*
buest ti – *you were*	buodd Alun – *Alun was*	buoch chi – *you were*
buodd e – *he was*	buodd y plant – *the children were*	buon nhw – *they were*

Bues i yno llynedd	*I went there last year*
Buon nhw yma ddoe	*They were here yesterday*
Fues i ddim yn y gêm bore 'ma	*I didn't go to the game this morning*
Fuoch chi ar y cyfandir eleni?	*Did you go to the continent this year?*
Naddo, fuon ni ddim eleni	*No, we didn't go this year*
Fuoch chi erioed yn yr Eidal?	*Have you ever been to Italy?*
Do, bues i yno tair blynedd yn ôl	*Yes, I was there three years ago*
Buon ni yn yr Alban ar ein gwyliau	*We went to Scotland on our holidays*

BOD + YN + BERF *(verb) = did/was . . . ing*

Bues i'n gweithio yn Abertawe	*I was working (I worked) in Swansea*
Fuoch chi'n aros mewn gwesty?	*Did you stay in a hotel?*
Fuon ni'n cysgu bob bore?	*Did we sleep every morning?*
Buon nhw'n yfed trwy'r nos	*They were drinking (they drank) all night*
Bues i'n sgïo bob prynhawn	*I ski-ed every afternoon*
Buon ni'n lwcus	*We were lucky*
Fuoch chi'n dringo'r mynyddoedd?	*Did you climb the mountains?*
Naddo, ond buon ni ar y cadeiriau esgyn	*No, but we went on the chair-lifts*

CAEL

		cawson ni – *we had*
ces i – *I had*	cafodd e – *he had*	cawsoch chi – *you had*
cest ti – *you had*	cafodd hi – *she had*	cawson nhw – *they had*

Ces i frecwast mawr heddiw	*I had a large breakfast today*
Cafodd e groeso mawr yno	*He had a big welcome there*
Cawson nhw amser da iawn	*They had a very good time*
Gawsoch chi ddigon i fwyta?	*Did you have enough to eat?*
Do, ces i sglodion bob dydd	*Yes, I had chips every day*
Gawson nhw daith dda ar y trên?	*Did they have a good journey on the train?*
Naddo, buon nhw'n sâl	*No, they were ill*

NEGYDDOL/*NEGATIVE*

C *changes to* CH *instead of soft mutating*

Chawson ni ddim bwyd o gwbl	*We didn't have any food at all*
Ches i mo'r parsel bore 'ma	*I didn't have the parcel this morning*
Chest ti ddim llawer o hwyl yno	*You didn't have much fun there*
Chawson nhw ddim byd i'w yfed	*They didn't have anything to drink*

ATEBWCH

Fuoch chi erioed yn yr Almaen?
Gawsoch chi ddigon i'w yfed neithiwr?
Aethoch chi i'r dre i siopa ddoe?
Wnaethoch chi rywbeth pwysig bore 'ma?
Aethoch chi ar wyliau llynedd?
Beth wnaethoch chi bore 'ma?

Pryd aethoch chi i Gaerdydd ddiwetha?
(When did you last go to Cardiff?)
Beth fuoch chi'n 'wneud prynhawn 'ma?
Gawsoch chi ginio mawr heddiw?
Fuoch chi erioed yn sgïo yn yr Alpau?

ANTHEM CYMRU

Mae hen wlad fy nhadau yn annwyl i mi
Gwlad beirdd a chantorion, enwogion o fri
Ei gwrol ryfelwyr, gwladgarwyr tra mad
Dros ryddid collasant eu gwaed.
Gwlad! Gwlad!
Pleidiol wyf i'm gwlad!
Tra môr yn fur i'r bur hoff bau
O bydded i'r heniaith barhau.

The old land of my fathers is dear to me
Land of bards and singers, famous men of renown
Her manly warriors, patriots so good,
For freedom they lost their blood.
Land! Land!
I'm partisan to my land!
While the sea is a wall to the pure dear land,
O may the old language continue.

(Slide Show)

GEIRFA

gwyllt = *wild*
yn bwrw eira = *snowing*
balcon = *balcony*

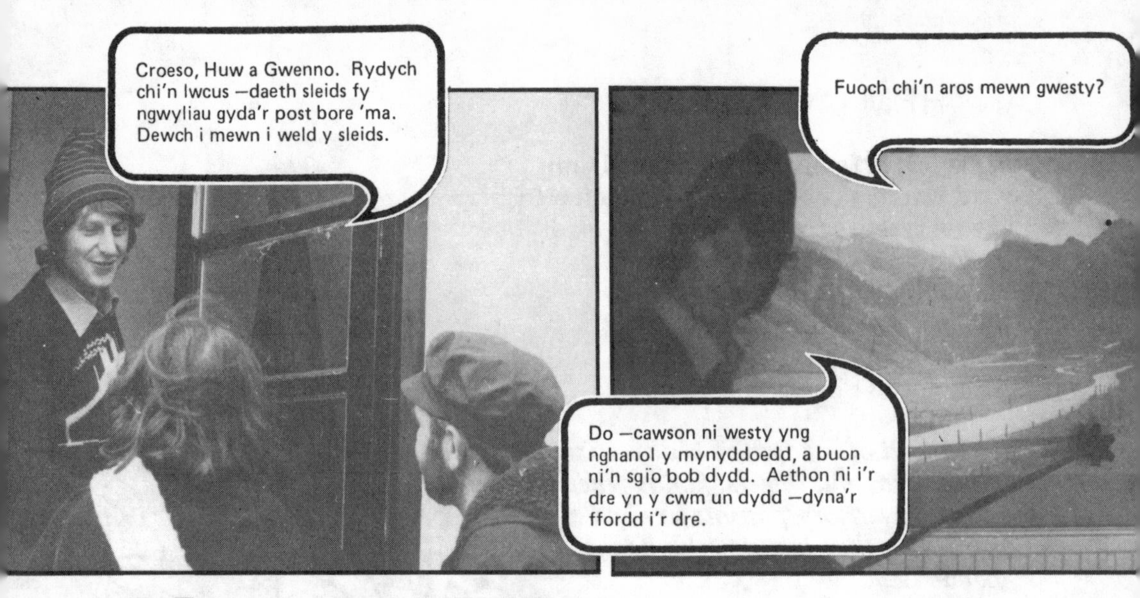

Sioe Sleidiau

Wedyn buon ni yn y bath sawna — aethon ni yno gyda dwy ferch . . .
HALLENBAD-SAUNA

Ac yn y nos cawson ni barti gwyllt —roedd un o'r Trwynau Coch yn canu yno.
Es i i'r parti fel Brenhines Sheeba, ac fe aeth fy mrawd i fel ci Baskerville.

Buodd hi'n bwrw eira un noson — ac aethon ni ddim mas o'r gwesty am dri diwrnod.
Wrth lwc, roedd digon o gwrw yn y gwesty, a buon ni'n yfed ar y balcon trwy'r dydd.

Hei, Huw, paid â chysgu —mae 50 llun arall.

RHAN 13

MYND I'R DRE (Going to town)

Hywel:	Ble buest ti heddiw, Blodwen?	*Where did you go today, Blodwen?*
Blodwen:	Bues i yn y dre bore 'ma —es i gyda'r bws.	*I was in town this morning —I went by bus.*
Hywel:	Daeth Dai yma prynhawn 'ma.	*Dai came here this afternoon.*
Blodwen:	Beth roedd e'n moyn?	*What did he want?*
Hywel:	Roedd e'n moyn mynd i Gaerdydd yfory.	*He wanted to go to Cardiff tomorrow.*
Blodwen:	A beth fyddwch chi'n 'wneud yno?	*And what will you be doing there?*
Hywel:	Byddwn ni'n chwilio am garped newydd, a bydda i'n chwilio am baent i beintio'r lolfa.	*We'll be looking for a new carpet, and I'll be looking for paint to paint the lounge.*
Blodwen:	Dwyt ti ddim yn gallu fy nhwyllo i — ces i'r papur yn y dre heddiw, ac roedd e'n llawn o newyddion am y gêm yfory.	*You can't fool me —I got the paper in town today, and it was full of news about the game tomorrow.*

Y GORFFENNOL –ETO
THE PAST TENSE –AGAIN

Last lesson we learnt the irregular verbs:
MYND – ES I = *I went;* DOD – DES I = *I came;* GWNEUD – GWNES I = *I did;*
BOD – BUES I = *I was/I went;* CAEL – CES I = *I had*

All other verbs in Welsh follow a regular pattern: endings are added to the verb, e.g.

CODI

Cod**AIS I** – *I got up*	Cod**ON NI** – *we got up*
Cod**AIST TI** – *you got up*	Cod**OCH CHI** – *you got up*
Cod**ODD E** – *he got up*	Cod**ON NHW** – *they got up*
Cod**ODD HI** – *she got up*	
Cod**ODD Alun** – *Alun got up*	Cod**ODD y plant** – *the children got up*

These endings are added to verbs, but leave out the final I, O or U

gwisgo	**gwisgais i**	*I dressed*	torri	**torrais i**	*I cut, broke*
gwario	**gwariais i**	*I spent*	hoffi	**hoffais i**	*I liked*
dihuno	**dihunais i**	*I awoke*	rhoddi	**rhoddais i**	*I gave*
cicio	**ciciais i**	*I kicked*	berwi	**berwais i**	*I boiled*
cario	**cariais i**	*I carried*	ymolchi	**ymolchais i**	*I washed*

gwerthu	**gwerthais i**	*I sold*
prynu	**prynais i**	*I bought*
gwenu	**gwenais i**	*I smiled*
sgrifennu	**sgrifennais i**	*I wrote*
gyrru	**gyrrais i**	*I drove*

These are all used in the same way as MYND, DOD, CAEL *etc. in statements, negative statements (soft mutation, except for* C, P *and* T *which change to* CH, PH *and* TH*), questions (soft mutation), answers (yes* = DO, *no* = NADDO*).*

CUDDIWCH UN OCHR

Gwisgais i'n dwym cyn mynd i'r gêm	*I dressed warmly before going to the game*
Rhoddodd fy ngwraig ddigon o arian i fi	*My wife gave me enough money*
Gwariais i ddwy bunt ar docyn i Gaerdydd	*I spent £2 on a ticket for Cardiff*
Prynais i wyth tun o gwrw ar y trên	*I bought eight tins of beer on the train*
Gwenodd merch bert arna i	*A pretty girl smiled at me*
Gwerthon nhw docynnau ar gornel y stryd	*They sold tickets on the street corner*
Cicion nhw'r bêl dros y llinell	*They kicked the ball over the line*
Carion nhw fi o'r dafarn i'r trên	*They carried me from the pub to the train*
Dihunais i ar ôl i'r trên gyrraedd Abertawe	*I woke up after the train arrived at Swansea*
Rhoddodd fy ngwraig stŵr i fi –fel arfer	*My wife gave me a row –as usual*

CWESTIYNAU AC ATEBION

Brynoch chi raglen cyn mynd i'r gêm?	*Did you buy a programme before going to the game?*
Do, prynais i ddwy raglen –un i chi ac un i fi	*Yes, I bought two programmes –one for you and one for me*
Werthoch chi'r tocyn sbâr?	*Did you sell the spare ticket?*
Naddo, phrynodd neb mo fe	*No, no-one bought it*
Giciodd Gwyn Evans saith cic gosb?	*Did Gwyn Evans kick seven penalties?*
Naddo, chiciodd e ddim saith –ond ciciodd e chwech	*No, he didn't kick seven, but he kicked six*
Warioch chi'r arian i gyd?	*Did you spend all the money?*
Do, prynais i gwrw i bawb	*Yes, I bought beer for everyone*
Yrroch chi adre ar ôl y gêm?	*Did you drive home after the game?*
Naddo –roeddwn i wedi meddwi	*No –I was drunk*

The same endings are added to some verbs which keep their 'complete' form. Here are some of them:

siarad – siaradais i
eistedd – eisteddais i
cwrdd – cwrddais i
darllen – darllenais i
edrych – edrychais i
chwarae – chwaraeais i

Other verbs change a little:

mwynhau – mwynheuais i
dal – daliais i
ennill – enillais i
gorffen – gorffennais i
dechrau – dechreuais i
cyrraedd – cyrhaeddais i
gweld – gwelais i

Others are more irregular:

dweud – dywedais i
addo – addawais i
chwerthin – chwarddais i
nabod – nabyddais i *(to know a person)*
gwrando – gwrandawais i
gadael – gadawais i
sefyll – sefais i, sefaist ti, safodd e, safon ni etc.

Some verbs that drop their endings:

rhedeg – rhedais i
yfed – yfais i
cerdded – cerddais i

CUDDIWCH UN OCHR

Fwynheuoch chi'r gêm ddoe?	*Did you enjoy the game yesterday?*
Do, ond chwaraeais i ddim	*Yes, but I didn't play*
Gadawais i'r cae yn gynnar i fynd i'r dafarn	*I left the field early to go to the pub*
Ddechreuodd Alun yfed am saith o'r gloch?	*Did Alun start drinking at seven o'clock?*
Naddo, yfodd e ddim cwrw trwy'r nos	*No, he didn't drink any beer all night*
Enillodd Abertawe yn erbyn Caerdydd?	*Did Swansea win against Cardiff?*
Naddo, enillon nhw mo'r gêm, ond chwaraeon nhw'n well	*No, they didn't win the game, but they played better*
Gyrhaeddoch chi adre'n ddiogel?	*Did you arrive home safely?*
Do, ond cerddais i hanner milltir	*Yes, but I walked half a mile*
Chwrddais i ddim â Huw, ond gwelais i Alun	*I didn't meet Huw, but I saw Alun*

The little word FE *can be used before all positive statements made in the past tense (not before questions and negative statements) – it has no meaning, but gives the sentence a more 'positive' feeling. Believe it or not, it is followed by a soft mutation.*

Fe welais i Huw yn y dre	*I saw Huw in town*
Fe nabyddodd e fi ar unwaith	*He recognised me at once*
Fe ddywedodd e'r hanes wrth ei wraig	*He told his wife the story*
Fe gyrhaeddon ni am ddeg o'r gloch	*We arrived at ten o'clock*
Fe fwynheuon ni'r gêm yn fawr	*We enjoyed the game very much*

PAN = *when*.

The verb follows directly after PAN. *No prizes for guessing that this again is followed by a soft mutation.*

Fe aeth Huw pan ddaeth y bws	*Huw went when the bus came*
Pan ddarllenodd e'r papur, chwarddodd e	*When he read the paper, he laughed*
Gwrandawais i arno fe pan ddywedodd e'r stori	*I listened to him when he told the story*
Gwenodd hi pan roddodd e gusan iddi hi	*She smiled when he gave her a kiss*
Yfais i'r cwrw pan brynodd e beint	*I drank the beer when he bought a pint*

PWYSLAIS/*EMPHASIS*

If you want to emphasise something, just put it before the verb. Once again, as you've guessed, soft mutate the verb if possible!

Pwy gollodd y gêm?	*Who lost the game?*
Lloegr gollodd, wrth gwrs	*England lost, of course*
Gwyn sgoriodd y pwyntiau i gyd?	*Was it Gwyn who scored all the points?*
Nage, Alun sgoriodd nhw	*No, it was Alun who scored them*
Pwy welodd Huw yn y dre?	*Who saw Huw in town? (or, Whom did Huw see in town? This question is ambiguous –hopefully the context would make it clear.)*
Fi welodd e	*It was I who saw him*

When emphasising something in the negative, use NID *rather than* DDIM *at the beginning of the sentence.*

Nid fi welodd e	*It wasn't me who saw him*
Nid Lloegr enillodd y gêm	*It wasn't England who won the game*
Nid hi redodd ar y cae	*It wasn't she who ran on the field*
Erica redodd ar y cae	*It was Erica who ran on the field*

ATEBWCH

Pryd codoch chi bore 'ma?
Beth gawsoch chi i frecwast?
Beth wnaethoch chi ar ôl cael brecwast?
Beth brynoch chi heddiw?
Pwy weloch chi heddiw?
Beth yfoch chi i frecwast?
Fwytoch chi ginio mawr heddiw?
Yfoch chi ormod o gwrw neithiwr?
Wrandawoch chi ar y newyddion bore 'ma?
Ddarllenoch chi'r papur heddiw?
Beth weloch chi ar y teledu neithiwr?
Ddaeth llythyr i chi gyda'r post bore 'ma?

OF

Can be translated by 'o'.
But it is often left out.
When two nouns follow each other in Welsh 'of' is understood.
e.g. ffenest y siop = *the window of the shop or the shop window*
gardd y tŷ = *the garden of the house or the house's garden*

CUDDIWCH UN OCHR

cap y bachgen	*the boy's cap*
llyfr y dyn	*the man's book*
cot Mrs Huws	*Mrs Huws' coat*
canol y dref	*the town centre*
drws y tŷ	*the house's door*
olwyn y car	*the car's wheel*
olwyn car	*a car's wheel*
cloc y dre	*the town clock*
neuadd y dre	*the town hall*
tîm Cymru	*Wales' team*

Mynd i'r Gêm

(Going to the Game)

GEIRFA

pob hwyl = *good-bye*
tro diwetha = *last time*
felly = *therefore*
hwyl fawr = *good-bye*
chwaith = *either*
smwddio = *ironing*
rhaglen = *programme*
coed derw = *oak trees*
cic gosb = *penalty kick*
sgarmes = *maul*
dyna i gyd = *that's all*
o leia = *at least*
do fe = *did I (or he, she etc.)*
malais i = *I crashed*
dy dro di = *your turn*
o'r blaen = *before*
yn bert = *prettily*
on'do fe = *didn't he*
pyst = *posts*
cais = *try*
fel = *like*

Pob hwyl, Sionyn bach. Aeth dy dad i'r gêm tro diwetha, felly fi sy'n mynd y tro yma.
Hwyl fawr, mam. Cafodd dad amser da, rwy'n cofio. Paid ag yfed gormod.

Cawson ni le da i weld y gêm, Blodwen. Ddest ti â'r botel whisgi?
Do, wrth gwrs, ond anghofiais i brynu rhaglen. Pwy sy'n chwarae, Mari?

Mynd i'r Gêm

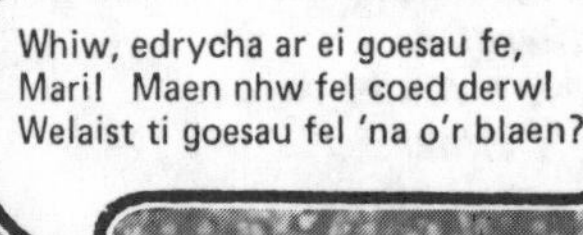

Whiw, edrycha ar ei goesau fe, Mari! Maen nhw fel coed derw! Welaist ti goesau fel 'na o'r blaen?

Naddo, wir. A chiciodd e'r bêl yna'n bert, on'do fe?

YN Y CYFAMSER
Ffeindiaist ti'r crys, Sionyn? Rydyn ni bron â gorffen y smwddio.
Dyma'r crys ola, dad. Ond smwddiaist ti mo fe'n dda iawn.

'NÔL YN Y GÊM
Whiw, ciciodd e'r gic gosb yna'n dda —yn syth trwy'r pyst.
'Pyst' fyddwn ni heno, efallai, Mari! Edrycha —sgorion nhw gais arall.
Sgrym a sgarmes —dyna i gyd yw rygbi!
HENNESSY COGNAC

AR ÔL Y GÊM
Wel, Mari, fwynheuaist ti'r gêm?
Do, wel, o leia, enillon ni, ond ddeallais i ddim llawer o'r gêm.
Wel un bach cyn mynd. Yfais i ddim gormod cyn gyrru do fe?
Helo Alun, malais i'r car ar y ffordd gartre, hic. Orffennaist ti'r smwddio? Dy dro di yw mynd allan nesa —ti sy'n mynd i'r capel bore fory.

RHAN 14

NEITHIWR (Last night)

Hywel:	Gwelais i gêm dda gyda Huw neithiwr.	*I saw a good game with Huw last night.*
Blodwen:	Ond roeddwn i'n meddwl dy fod ti'n casglu arian i Nant Gwrtheyrn neithiwr.	*But I thought you were collecting money for Nant Gwrtheyrn last night.*
Hywel:	Do, casglais i arian, ond cwrddais i â Huw ar y stryd.	*Yes, I collected money, but I met Huw on the street.*
Blodwen:	Pa gêm welaist ti, 'te?	*Which game did you see then?*
Hywel:	Gwelais i rownd ola Wimbledon – cystadleuaeth y merched.	*I saw the last round of Wimbledon – the women's competition.*
Blodwen:	Ond dechreuodd y rhaglen yna am wyth o'r gloch.	*But that programme began at eight o'clock.*
Hywel:	Aethon ni i dafarn i weld y gêm.	*We went to a pub to see the game.*
Blodwen:	Ac yfoch chi trwy'r nos, sbo.	*And you drank all night, I suppose.*
Hywel:	Ond roedd y gêm yn dda –roedd y merched yn dalentog iawn.	*But the game was good – the girls were very talented.*
Blodwen:	A faint gasgloch chi i Nant Gwrtheyrn?	*And how much did you collect for Nant Gwrtheyrn?*
Hywel:	Wel, rydyn ni'n mynd mas heno eto.	*Well, we're going out tonight again.*
Blodwen:	Fy nhro i yw hi i fynd mas heno, Huw.	*It's my turn to go out tonight, Huw.*

DYLWN I . . . *I SHOULD . . .*

DYLWN I *(I SHOULD) etc. . . . is a verb not derived from a verb-noun as* **GWELAIS I** *(I SAW) is derived from* **gweld** *or* **DARLLENAIS I** *(I READ) from* **darllen**. *The forms which appear below are the only ones you need to know.*

DylWN I – *I should*

DylET TI – *you should*	**DylEN NI** – *we should*
DylAI FE – *he should*	**DylECH CHI** – *you should*
DylAI HI – *she should*	**DylEN NHW** – *they should*

DylAI'R DYNION – *the men should*

Note the similarity of endings to Roeddwn i, roeddet ti, roedd e, roedden ni, roeddech chi, roedden nhw.

DYLAI FE *etc. is followed immediately by a verb, which is soft mutated.*

CUDDIWCH UN OCHR

Dylwn i weithio yn yr ardd heddiw	*I should work in the garden today*
Dylwn i brynu hadau yn y siop	*I should buy seeds in the shop*
Dylet ti balu'r ardd yn dda	*You should dig the garden well*
Dylai hi fod yn braf heddiw	*It should be fine today*
Dylen ni dorri'r lawnt	*We should cut the lawn*
Dylech chi dyfu blodau yn yr ardd ffrynt	*You should grow flowers in the front garden*
Dylen nhw dyfu llysiau yn lle blodau	*They should grow vegetables instead of flowers*
Dylai hi olchi'r llestri'n gyntaf	*She should wash the dishes first*

CWESTIWN

Soft mutate the **D** *or* **Dylwn i, Dylet ti** *etc.*

ATEB

To answer YES, use the appropriate form, e.g. **Dylwn** – *Yes (I should),* **Dylet** –*Yes (You should).*

To answer NO, just use **Na**, *or* **Na** *followed by the appropriate form, which is, as usual, soft mutated, e.g.* **Na ddylwn**

Y FRAWDDEG NEGYDDOL *(THE NEGATIVE SENTENCE)*
The negative sentence is made up as follows . . .

Soft mutation of **Dylwn i, Dylet ti** *etc.* + **ddim** + *verb-noun (without soft mutation!)*

e.g. Ddylwn i ddim mynd
Ddylai fe ddim gweithio

CUDDIWCH UN OCHR

Ddylech chi fynd i'r gwaith heddiw?	*Should you go to work today?*
Na ddylwn, ddylwn i ddim mynd	*No, I shouldn't go (I ought not to go)*
Ddylech chi balu'r ardd yn yr hydref?	*Should you dig the garden in the autumn?*
Dylwn, wrth gwrs, ac yn y gwanwyn	*Yes, of course, and in the spring*
Ddylwn i blannu tatws ym mis Mawrth?	*Should I plant potatoes in March?*
Dylech, os yw'r tir yn sych	*Yes, if the ground is dry*
Pryd dylwn i blannu ffa dringo?	*When should I plant runner beans?*
Dylech chi eu plannu nhw ym mis Mai	*You should plant them in May*
Ddylai fe roi calch ar y tir?	*Should he put lime on the ground?*
Dylai, os yw e'n tyfu bresych.	*Yes, if he is growing cabbage*
Lle dylwn i brynu planhigion tomatos?	*Where should I buy tomato plants?*
Dylech chi eu prynu nhw gan arddwr masnachol	*You should buy them from a market gardener*
Sut dylwn i ladd chwyn?	*How should I kill weeds?*
Dylech chi eu lladd nhw gyda bys a bawd	*You should kill them with finger and thumb*

DYLWN I FOD WEDI . . . *I SHOULD HAVE . . .*
After **Dylwn** *put* **fod wedi** *followed by verb (not mutated)*

e.g. Dylwn i fod wedi palu'r ardd ddoe
I should have dug the garden yesterday

Ddylwn i ddim fod wedi hau'r hadau ym mis Ionawr
I shouldn't have sown the seeds in January

Ddylwn i fod wedi plannu'r tatws yn barod?
Should I have planted the potatoes already?

Na ddylech, ddylech chi ddim fod wedi gwneud hynny
No, you shouldn't have done that

CUDDIWCH UN OCHR

Dylwn i fod wedi dechrau'r gwaith ddoe	*I should have started the work yesterday*
Dylwn i fod wedi prynu'r hadau'n barod	*I should have bought the seeds already*
Dylai fe fod wedi helpu	*He should have helped*
Dylai hi fod wedi tacluso'r lawnt	*She should have tidied the lawn*
Dylech chi fod wedi gweld yr ardd	*You should have seen the garden*
Ddylwn i fod wedi gorffen erbyn hyn?	*Should I have finished by now?*
Dylech, mae'n hen bryd i chi orffen	*Yes, it's high time you finished*
Ddylwn i fod wedi palu'r ardd yn gyntaf?	*Should I have dug the garden first?*
Na ddylech, os ydych chi'n moyn tyfu chwyn.	*No, if you want to grow weeds*
Dylai'r blodau fod wedi ymddangos	*The flowers should have appeared*

NOTE THE USE OF OTHER VERBS USING SIMILAR ENDINGS

HOFFWN I – *I WOULD LIKE*
GALLWN I – *I COULD*

Hoffwn i weithio yn yr ardd heddiw	*I would like to work in the garden today*
Gallwn i wneud llawer heddiw	*I could do a lot today*
Hoffet ti ddod gyda fi?	*Would you like to come with me?*
Hoffwn, yn fawr. I ble?	*Yes, very much. To where?*
Gallwn i yfed peint yn hawdd	*I could drink a pint easily*
Hoffwn i ddim gweithio'n galed bore 'ma	*I wouldn't like to work hard this morning*
Hoffech chi fod yn ffermwr?	*Would you like to be a farmer?*
Hoffwn i fyw yn y wlad, ond allwn i ddim gweithio mor galed â ffermwr	*I would like to live in the country but I couldn't work as hard as a farmer*

Another verb with same endings

BYDDWN – *I WOULD, used similarly to* **Byddaf i** *i.e.*

Byddwn i + **'n/wedi** + *verb (no mutation)*

e.g. Byddwn i'n prynu'r car PE byddai digon o arian gyda fi
I would buy the car IF I had enough money

Byddwn i'n dod pe byddai amser gyda fi	*I would come if I had time*
Byddwn i'n hoffi gweld y gêm	*I would like to see the game*
Fyddech chi'n plannu tatws heddiw pe byddai hi'n sych?	*Would you plant potatoes today if it were dry?*

Fyddwn i ddim yn gwneud hynny	*I wouldn't do that*
Beth fyddech chi'n gwneud pe byddai digon o arian gyda chi?	*What would you do if you had enough money?*
Byddwn i'n teithio o gwmpas y byd	*I would travel round the world·*
Fyddwn i ddim yn aros yn y twll yma	*I wouldn't stay in this hole*
Byddwn i wedi gorffen y gwaith pe byddai fe ddim wedi galw	*I would have finished the work if he hadn't called*
Byddai fe'n gallu dod pe byddai car gyda fe	*He could come if he had a car*
Fyddwn i ddim eisiau iddo fe ddod	*I wouldn't want him to come*

ATEBWCH

Pryd dylech chi balu'r ardd?
Pryd dylech chi blannu tatws?
Ddylech chi fod wedi gweithio yn yr ardd heddiw?
Ddylech chi fod wedi mynd i'r gwaith heddiw?
Beth fyddech chi'n gwneud pe byddai digon o arian gyda chi?
Pa fath o gar fyddech chi'n hoffi prynu?
Hoffech chi fynd allan heno?
Ble hoffech chi fynd yn y gwyliau?
Allech chi fod wedi gweithio yn yr ardd heddiw?
Fyddech chi'n hoffi bod yn ffermwr?
Allech chi yfed peint nawr?
Pryd hoffech chi ymddeol (*retire*)?
Pa waith hoffech chi wneud?
Beth fyddech chi'n ei dyfu pe byddai gardd fawr gyda chi?

Tyfu Tatws

(Growing Potatoes)

GEIRFA

llanast = *mess*
llysiau = *vegetables*
paratoi = *prepare*
nôl = *fetch*
berfa = *wheelbarrow*
becso = *worry*
lawnt = *lawn*

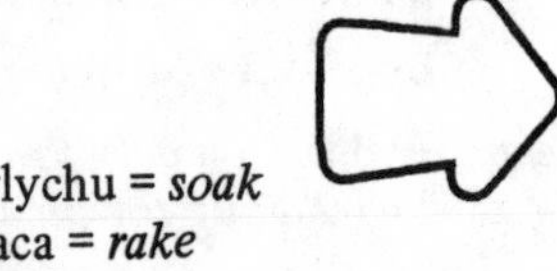

gwlychu = *soak*
rhaca = *rake*
dail = *leaves*
glaswellt = *grass*
plannu = *to plant*
palu = *to dig*

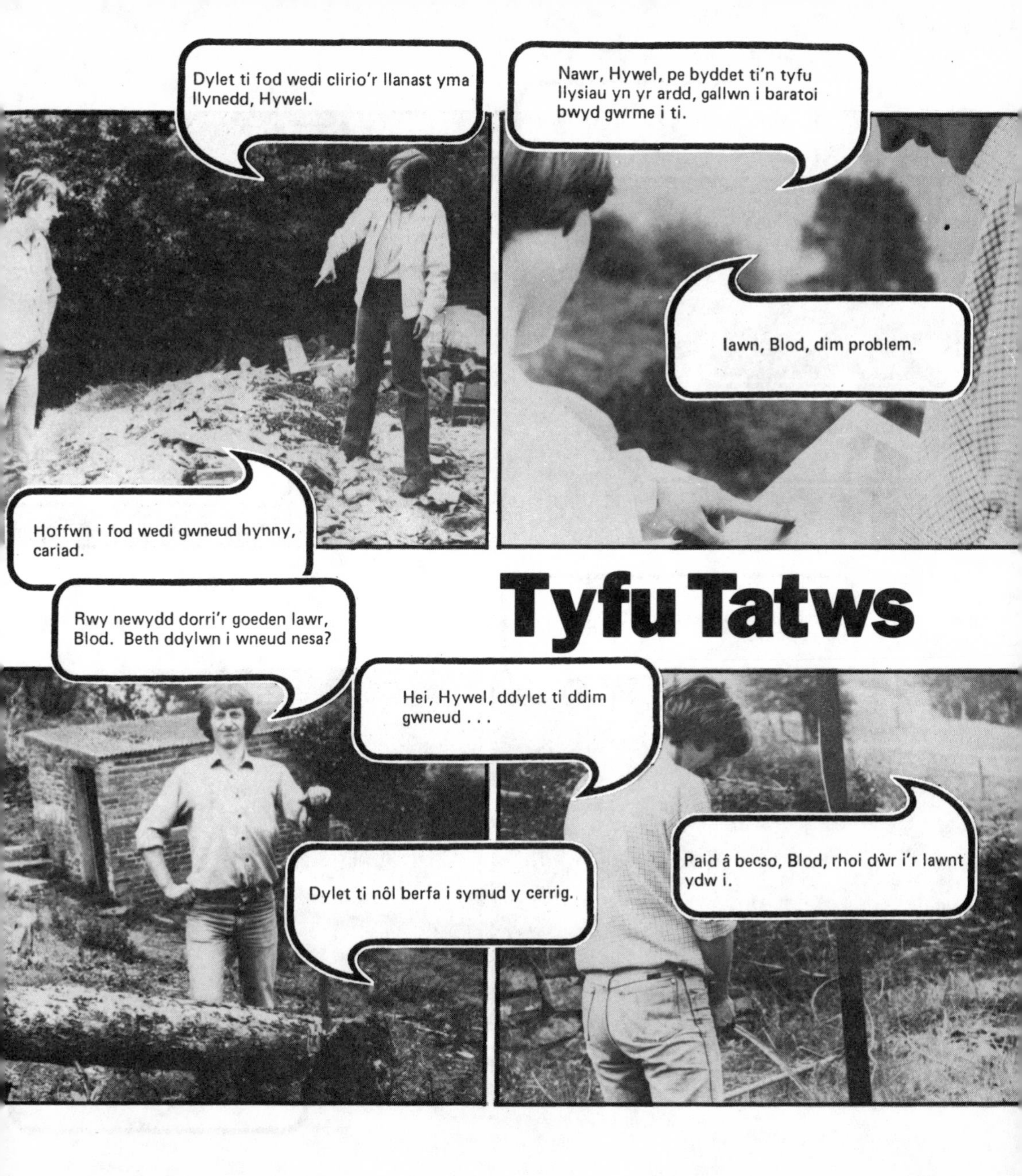
Dylet ti fod wedi clirio'r llanast yma llynedd, Hywel.
Hoffwn i fod wedi gwneud hynny, cariad.
Nawr, Hywel, pe byddet ti'n tyfu llysiau yn yr ardd, gallwn i baratoi bwyd gwrme i ti.
Iawn, Blod, dim problem.
Tyfu Tatws
Rwy newydd dorri'r goeden lawr, Blod. Beth ddylwn i wneud nesa?
Dylet ti nôl berfa i symud y cerrig.
Hei, Hywel, ddylet ti ddim gwneud . . .
Paid â becso, Blod, rhoi dŵr i'r lawnt ydw i.

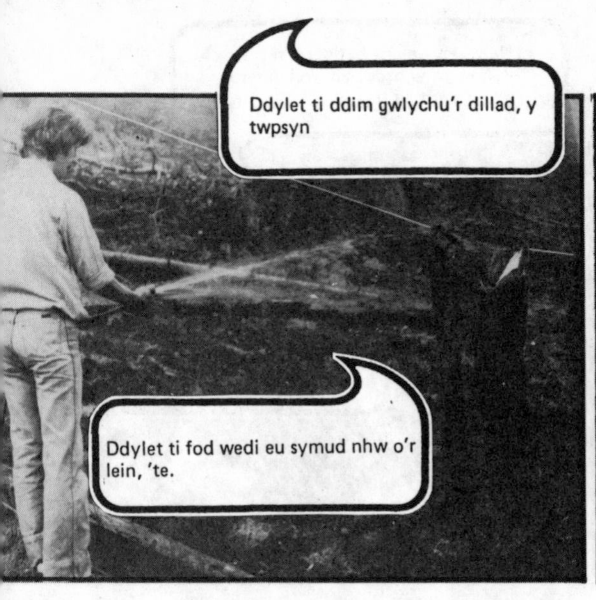
Ddylet ti ddim gwlychu'r dillad, y twpsyn
Ddylet ti fod wedi eu symud nhw o'r lein, 'te.

Nawrte, rhaca i glirio'r dail a'r glaswellt, a wedyn dylwn i allu plannu tatws.

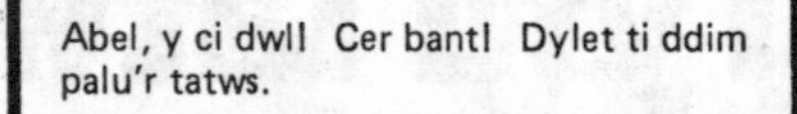
Abel, y ci dwl! Cer bant! Dylet ti ddim palu'r tatws.

Hapus nawr, Blod? Dylwn i fod yn ffermwr, rwy'n credu. O leia rwy'n haeddu peint neu ddau heno.

RHAN 15

GWNEUD GWIN (Making wine)

Hywel:	Mae'r coed yn llawn ffrwythau —dylen ni wneud rhywbeth â nhw.	*The trees are full of fruit —we should make something with them.*
Blodwen:	Dylet ti gasglu'r ffrwythau cyn dechrau meddwl am wneud dim.	*You should collect the fruit before starting to think of making anything.*
Hywel:	O'r gorau, popeth yn ei bryd, Blod.	*All right, everything in its time, Blod.*
Blodwen:	Beth am gasglu eirin Mair —mae rysait da gyda fi i wneud tarten.	*What about picking gooseberries —I've got a good recipe for making a tart.*
Hywel:	Mae gormod o siwgr mewn tarten.	*There's too much sugar in a tart.*
Blodwen:	Wel, galla i wneud jam 'te.	*Well, I can make jam, then.*
Hywel:	Llawer gormod o siwgr —byddai dy ddannedd di'n pydru ar ôl wythnos.	*Far too much sugar —your teeth would rot after a week.*
Blodwen:	Ond beth arall gallwn ni wneud â'r ffrwythau?	*But what else can we do with the fruit?*
Hywel:	Gwin, wrth gwrs!	*Wine, of course!*
Blodwen:	Ond mae siwgr mewn gwin.	*But there's sugar in wine.*
Hywel:	Siwgr wedi troi'n alcohol! —mae hynny'n hollol wahanol!	*Sugar turned into alcohol! —That's completely different!*

PRESENT AND FUTURE: SHORT FORM

All Welsh verbs have a 'short' form in the PRESENT TENSE –but this is usually used with a future meaning. Here are the endings . . .

edrych**A I** – *I will look*
edrych**I DI** – *you will look*
edrych**IFF E**/edrych**ITH E** – *he will look*
edrych**IFF HI**/edrych**ITH HI** – *she will look*
edrych**IFF ALUN**/edrych**ITH ALUN** – *Alun will look*
edrych**WN NI** – *we will look*
edrych**WCH CHI** – *you will look*
edrych**AN NHW** – *they will look*

Very often, these are used after **FE**, *which has no separate meaning, but which soft mutates the verb. The objects of SHORT FORM verbs also soft mutate.*

CUDDIWCH UN OCHR

Fe wela i di'r wythnos nesa.	*I'll see you next week.*
Galla i fynd yno yfory.	*I can go there tomorrow.*
Fe wna i'r siopa i chi, Mrs Huws.	*I'll do the shopping for you, Mrs Huws.*
Pryd enilliff tîm criced Morgannwg, tybed?	*When will Glamorgan cricket team win, I wonder?*
Trowch i'r dde pan welwch chi'r dafarn.	*Turn right when you (will) see the pub.*
Fe bryna i'r rownd nesa.	*I'll buy the next round.*
Cewch chi werth eich arian yn y siop yna.	*You'll get your money's worth in that shop.*
Ble galla i brynu cwrw ar ddydd Sul?	*Where can I buy beer on Sunday?*

NOTE: A *often changes to* E *before* -I *and* -WCH, *e.g.* GELLI DI *(you can)*, GELLWCH CHI *(you can)*

CWESTIYNAU AC ATEBION

As with other tenses in the short form, to ask a question, simply soft mutate the beginning of the verb,

e.g. GYMERWCH CHI BANED O DE? *(Will you take a cup of tea?)*
WELWCH CHI HI YFORY? *(Will you see her tomorrow?)*

To answer YES, repeat the verb.

e.g. Welwch chi hi yfory? – GWELA

To answer NO, use **NA** *followed by the verb, remembering to soft mutate* B, D, G, Ll, M *and* RH *or aspirate* C, P *or* T.

e.g. Welwch chi hi yfory? – NA WELA
Gymerwch chi baned? – NA CHYMERA
But, usually, **NA** *is sufficient by itself.*

BRAWDDEGAU NEGYDDOL

Soft mutate verbs (if they begin with B, D, G, Ll, M *or* RH*) or aspirate them (if they begin with* C, P *or* T*). Put* DDIM *after the verb, or* MO *(before names, pronouns and any nouns preceded by* Y/YR/'R*)*

Wela i mo fe yfory	*I won't see him tomorrow*
Ddalia i mo'r trên	*I won't catch the train*
Welwch chi mo Siân yma	*You won't see Siân here*
Phryna i ddim sigaréts heddiw	*I won't buy cigarettes today*
Edrycha i ddim ar y teledu heno	*I won't look at the television tonight*

MYND, DOD, CAEL, GWNEUD

These are commonly used in the Present/Future Tense. Note the irregularities.

MYND	**DOD**	**CAEL**	**GWNEUD**
a(f) i	do(f) i	ca(f) i	gwna(f) i
ei di	doi di	cei di	gwnei di
aiff e	daw e	caiff e	gwnaiff e
awn ni	down ni	cawn ni	gwnawn ni
ewch chi	dowch chi	cewch chi	gwnewch chi
ân nhw	dôn nhw	cân nhw	gwnân nhw

CUDDIWCH UN OCHR

A i yno pan fydda i'n well	*I'll go there when I'm (I'll be) better*
Dywedwch wrth Alun pan ddaw e	*Tell Alun when he comes*
Fe wnaiff e'r gwaith yn dda	*He'll do the work well*
Cawn ni weld a yw'r gwin yn dda	*We'll see whether the wine is good*
Awn ni i gyd i'r traeth heno	*We'll all go to the beach tonight*

CAEL

This is used to translate 'to be allowed', 'may' or 'may have'.

Ga i ddod gyda chi?	*May I come with you?*
Cewch, wrth gwrs	*Yes, of course*
Na chewch, mae arna i ofn	*No, I'm afraid (not)*
Ga i brynu diod i chi?	*May I buy you a drink?*
Diolch yn fawr –whisgi trebl	*Thank you very much –treble whisky*
Ga i ddau docyn i Gaerdydd?	*May I have two tickets to Cardiff?*
Ga i bwys o afalau ac un oren?	*May I have a pound of apples and one orange?*
Ga i weld y papur, os gwelwch yn dda?	*May I see the paper, please?*

GWNEUD

This has a future meaning when used with other verbs and means 'will':

Fe wna i goginio swper, Siân	*I'll cook supper, Siân*
Wnei di, wir?	*Will you, really?*
Gwnaf, wrth gwrs	*Yes, of course*
Wnei di estyn y menyn?	*Will you pass the butter?*
Wnewch chi fod yn dawel?	*Will you be quiet?*
Na wnaf!	*No!*

ATEBWCH

Ga i brynu diod i chi?
Ga i'r ddawns nesaf, os gwelwch yn dda?
Wnewch chi estyn y siwgr, os gwelwch yn dda?
Pryd gellwch chi fynd i'r Eisteddfod?
Ble galla i brynu llyfrau Cymraeg yn Aberystwyth?
Alla i brynu recordiau Cymraeg yno hefyd?
Wnân nhw siarad Cymraeg â fi yno?
Pryd gellwch chi fynd ar wyliau eleni?
Gawn ni eisteddfod dda yn Abertawe, tybed?
Ble ewch chi ar eich gwyliau y flwyddyn nesaf?

Gwneud Gwin

(Making Wine)

GEIRFA

cwpla = gorffen = *finish*
trio = ceisio = *try*
mafon = *raspberries*
burum = *yeast*
blas = *taste*
sugno = *to suck*
barn = *opinion*
ychydig wridog win = *a little blushing wine*
'ta beth = *anyway*

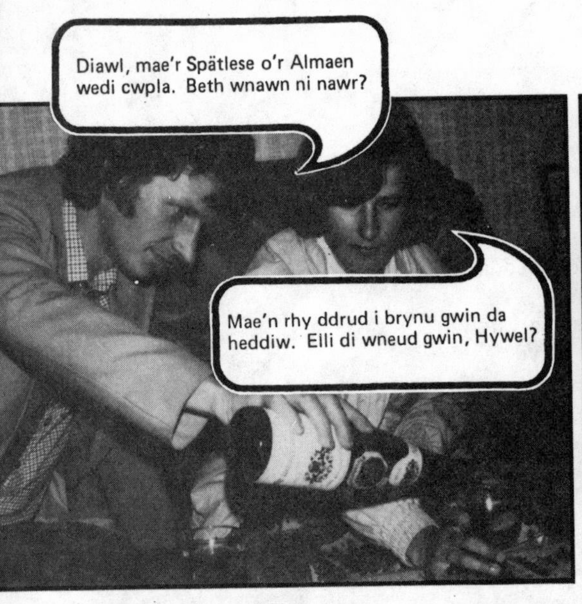

Diawl, mae'r Spätlese o'r Almaen wedi cwpla. Beth wnawn ni nawr?
Mae'n rhy ddrud i brynu gwin da heddiw. Eili di wneud gwin, Hywel?

Galla i drio. Edrycha i yn y llyfr yma nawr i weld. Cymerith hi chwe mis i'r gwin fod yn barod, mae arna i ofn, Blodwen.

Gwneud Gwin

Fe gasgla i bwys neu ddau o'r mafon yma, wedyn fe ferwa i nhw . . .
Nawr 'te, os doda i furum yn y bwced yma, dylai fod yn barod i'w roi mewn jar ymhen wythnos.
Hei Hywel! Paid â'u bwyta nhw! Chei di fyth win os bwyti di nhw i gyd!
Hei, Hywel, der â'r sosban 'na i fi —rwy am wneud cinio.

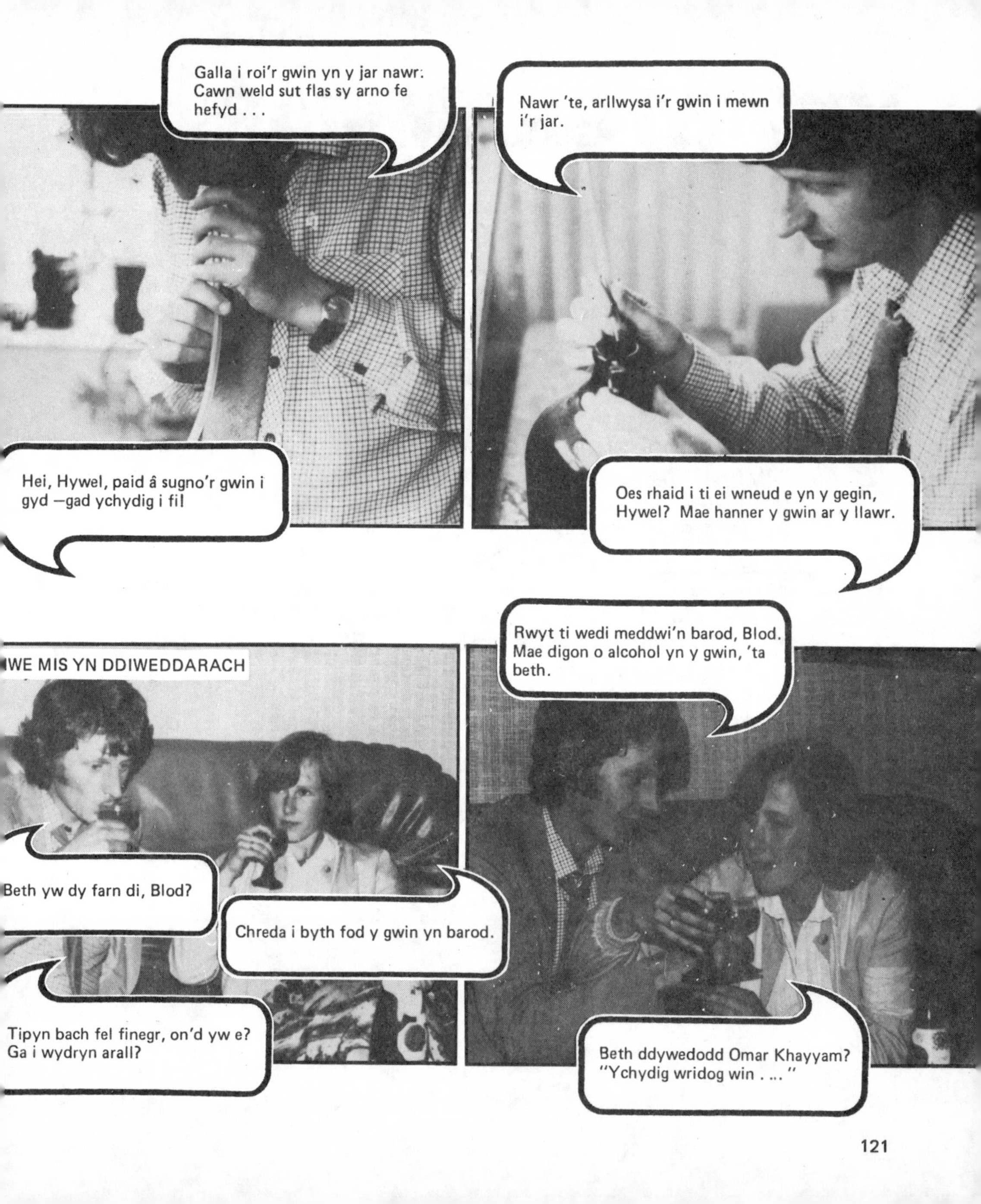
Galla i roi'r gwin yn y jar nawr: Cawn weld sut flas sy arno fe hefyd . . .
Nawr 'te, arllwysa i'r gwin i mewn i'r jar.
Hei, Hywel, paid â sugno'r gwin i gyd —gad ychydig i fi!
Oes rhaid i ti ei wneud e yn y gegin, Hywel? Mae hanner y gwin ar y llawr.
WE MIS YN DDIWEDDARACH
Beth yw dy farn di, Blod?
Chreda i byth fod y gwin yn barod.
Tipyn bach fel finegr, on'd yw e? Ga i wydryn arall?
Rwyt ti wedi meddwi'n barod, Blod. Mae digon o alcohol yn y gwin, 'ta beth.
Beth ddywedodd Omar Khayyam? "Ychydig wridog win . ... "

KEY TO GRAMMAR

PART	GRAMMAR CONTENTS
1	**PRESENT TENSE**
2	**PERFECT TENSE**
3	**COMMANDS; EMPHATIC SENTENCES**
4	**TIME; GENERAL STATEMENTS**
5	**IMPERFECT TENSE** (using ROEDD etc.); **ADJECTIVES**
6	**PLUPERFECT TENSE** (using ROEDD, WEDI etc.); **USE OF "AM"**
7	**MUST** (RHAID); **USE OF "I"**
8	**POSSESSIVE PRONOUNS** (fy, dy, etc.), These used as object of verbs, Used with passive voice. **MUTATIONS** summarised.
9	**NEWYDD = JUST; RELATIVE CLAUSES:** who, which has . . .
10	**NOUN CLAUSES:** That: Use of BOD
11	**FUTURE TENSE** using "BYDD" etc.
12	**PAST TENSE** (short forms) MYND, DOD, GWNEUD, BOD, CAEL
13	**PAST TENSE** (short forms) regular verbs
14	**CONDITIONAL and SHOULD** Fe ddylwn i etc
15	**PRESENT AND FUTURE TENSE:** short forms

KEY TO PHOTO-STORIES

Gwerthu Brwsus

1. •Good evening, I'm selling brushes. Do you want to buy a brush?
   •Hello, come in! Yes, I want to buy a brush! Do the brushes clean well?
2. •Of course! This brush washes the carpet very well. Look!
   •Oh, I like this brush. Do you sell a brush for the stairs?
3. •Yes, of course, this Hoover does the work well. Look!
   •It is lovely. I want to buy a brush and a Hoover! Do you sell a brush for the bedroom?
4. •Yes. I sell everything. This soap cleans well.
   •I'm lucky! But I'm tired –we have worked hard. Come to bed.
5. •I'm tired now as well. It's warm in bed, and you're w . . .
   •Hey! I hear a car coming. The husband is coming –I'm going to the window to look.
6. •Oh damn. The car's by the house. Go out of bed. Where are the clothes? Damn, the clothes are not by the bed, what can we do? Where can you go?
7. •Ah, I know, I'm going into the cupboard. Wear this coat.
   •Go, quickly. The husband is by the door. I'm going to answer the door now. Good-bye!
8. •Hello, Dai. You're early. Very nice –I'm making tea now. Go to the shop to buy the paper.
   •The paper's in the bag, Siân. But I'm tired. I'm going to bed now.

Problem y Ffens

1. •I'm tired. I've washed the dishes, and now I'm feeding the baby, and ironing. I hope that someone will call.
2. •Good afternoon, I'm the Plaid Cymru candidate in the election.
   •Good afternoon, welcome. I've voted for Plaid Cymru. Come in.
3. •What is Plaid Cymru's policy for housewives?
   •We want to give money to housewives.
4. •There is a problem in this street –cows are coming through the fence.
   •I want to see the fence –I don't like cows, but I can mend a fence.
5. •Cows have come through the field here.
   •No problem –I can settle this problem in a minute.
6. •Everything is all right now –I have mended the fence, and the cows can't come through the fence now.
7. •He doesn't know that cows can jump over the fence.
8. •Aaargh! I don't like cows. I'm suffering for Wales once again.

Edrych ar y Teledu

1. •Where is Dai? Is he out all night?
   •Yes, he's working night shift.
   •Thank goodness! I've looked forward to tonight for a week. Look in the fridge to see what is there.
2. •There is a bottle of wine here, but Dai and I have drunk half the bottle.
   •Never mind. I like white wine. I drink white

wine every time before going to bed.
•There's no haste tonight. Do you remember last week? Dai was home early!

3. •You've drunk enough now. Do you want to look at television?
•Yes, I've drunk enough, but I want to go to the toilet now. Where's the television?
4. •The television is in the lounge. Go to the toilet quickly.
5. •What's on television tonight?
•A film at 8 o'clock, but there are no Welsh programmes on television. The news is the only Welsh programme.
•What's on the news?
•Listen.
6. •Here's the news; a thousand people were at Aberystwyth today calling for more Welsh on television. They are not going to pay for a licence.
•Ifan, these people are right —there's no Welsh on television after 9. I want more Welsh. Turn the T.V. off. I don't want to listen to English.
•You're right Siân, Come to bed quickly.
7. THREE MONTHS LATER IN THE COURT
•You, Siân Huws, have not paid for a licence. You have broken the law. You're going to pay a fine. I'm giving a fine of £50.
8. •I'm not going to pay a fine. I don't want English on television every night. I want more Welsh. I want Welsh programmes every night, and Welsh programmes for learners: There are no Welsh programmes for learners on television now . . .

Mynd i'r Eisteddfod

1. •Good morning Hywel, what do you want to do today?
•Good morning Mair. Have you made a cup of tea? Thanks! I want to go to the Eisteddfod today.
2. •Devil, (Hell) Mair! Look who is there —the devil Keith Best. I don't want to come to the Eisteddfod to see Keith Best!
•Come to the Societies' Tent, then.
3. •Hell, Mair, it's hellish dry (boring) here, and there are too many people here.
•Yes, and only talking about the language they are. Come to the field.
4. •Hell, Mair, it's only bloody harps that are on the field —and I don't like harps.
•Well, Hywel, what do you like?
•What about going to the Ceremony of the bards?
5. •Hell, Mair, they're wearing pyjamas.
•Don't be daft, Hywel, they're wearing the clothes of the bards.
•Clothes of the bards, indeed! They look like angels in heaven.
6. •Oh Mair, look at him —he's looking like the Turin Shroud. I've had enough of the Eisteddfod. I want to go to a dance. There's a dance in the Top Rank tonight. Are you coming with me, Mair?
•All right.
7. •Come up to the group, Mair, it's wonderful here!
•Hywel! Come down from the stage at once. You're a fool! Nobody's supposed to be on the stage with the group. You're supposed to dance on the floor. Hywel, I'm going out now. Come with me at once. And put that microphone down at once!
8. •Well, Mair, have you enjoyed a day at the Eisteddfod?
•Well, tomorrow I'm going to the Eisteddfod on my own.
•Oh, Mair, I like going to the Eisteddfod — there's enough beer here, enough friends. enough pubs, enough wine, enough whisky. Hell, Mair, I want to go to the Eisteddfod tomorrow again.

Y Papur Bro

1. DAI, HYWEL AND HUW ARE WORKING ON THE WELSH LOCAL PAPER
•Hell, boys, there was nothing interesting in Abercwmboi this month again. There was no

fire, no murder, no rape, no flasher . . . What are we going to put in the paper? Nothing is happening here!

2. •But it doesn't matter, the wine in this bottle was good. What was it? Rhine wine, 1970. A good year. There was a lot of sun that year. The grapes grew well, because it was so hot. In 1970 I was in St Tropez, in France, enjoying the sun, and there were many pretty girls lying in the sun, and they weren't wearing any . . .
   •Hey, Huw, don't dream! I have a good story.
3. •And I have a good picture to go with the story. This is the story . . . "There were many girls lying bra-less on a beach in Abercwmboi this year. The paper's photographer was on the beach when the girls were there, and he was lucky enough to get a picture of the girls."
   •Hell, a good story, Hywel. Have you got a picture? Hey, a good picture, Hywel. Hell, that girl wasn't in Abercwmboi this year –she was in St Tropez when I was there– that picture was in my photo album. And she's not going into the local paper.
4. •Oh, well, back to the drawing board. But if there's no good story in Abercwmboi this month, there's good wine in this bottle. Don't worry, Huw, put the stories about Meithrin (Nursery groups) and the Schools and the Chapels in the paper, and everyone will be happy.
5. A FORTNIGHT LATER
   •Well, Hywel, are you ready to fold the paper? We have two thousand copies –we didn't have enough copies last month, therefore the printer has printed more.
   •Yes, I'm ready –it there's enough wine here. Folding paper is very thirsty work.
6. •Hell, boys, do you remember the party last night? I wasn't drunk, but you, Dai, were on the floor –you were blind drunk. And hell, there was one pretty girl there –she was like that girl on the beach in St Tropez.
   •I wasn't drunk. I remember everything. And that girl, don't worry, she and I were . . . well I'm not going to say more. The wine tonight's good isn't it?
7. AN HOUR LATER
   •I've worked enough for one night –local paper indeed. Who reads a local paper? It's only nonsense about unimportant things that's in the paper each month. Anyway, it's a good excuse to drink isn't it?
   •Dai, you're drunk again. Come off that table. We want to finish folding the paper.

Ennill y Gêm

1. •Hell, Blodwen was jumping last night, and she's jumping tonight againt.
   •Why are you complaining about her, Hywel?
   •She's in the Leisure Centre every night trampolining –but she had promised to meet me here tonight at nine –but she hasn't come.
2. •What about a game of darts then? I had played darts last night, and I had won every game. Do you remember how to play darts?
   •Remember indeed! I was playing darts for the Bridge Pub team. If you, Ifan, want to lose a game, I'm ready for a game.
3. •Playing for the Bridge Pub, indeed. I'd had a game for the Red Lion, and they had won the Welsh cup for clubs last year.
4. •Damn, I can't start –you've won the first game. What are you drinking?
   •Another pint of bitter, please. Tonight will be an expensive game for you, I see.
5. •What's the hurry, Hywel? Are you losing again?
   •You wait, Ifan! I can play well after drinking two or three pints of beer. Only one pint I had drunk before the last game. Hey, barman, another pint quickly.
6. •Another 100 –only 32 left– double 16.
   •Blodwen! Where have you been? Ifan is on the point of winning the game. Come –throw in my place– I'm going to get another pint. I've 89 left.
7. •Now, I've thrown 57 –there's 32 left– double 16, like Ifan.
8. •Hywel, I had the double 16.
   •You're great, Blodwen; now Ifan, a pint, please.
   •I'm going to buy Blodwen a pint –she can play well, but you, Hywel, go back to play darts for the Bridge Pub.

Adeiladu Tŷ

1. •Hywel, it's high time you did something. I've been mixing cement all day, and you've been lounging in bed. You'd better start working now, or I'm not going to work tomorrow!
2. •Cool head, dear Blodwen, I'm working hard. I'm putting electric wires in the ceiling, and I've finished painting the front door.
3. •Look at the front door, Blodwen —I've painted all the door. You haven't painted anything today —and anyone can mix cement! You'd better come to see the paint on the door.
4. •Oh Hywel! The paint is awful. It's high time you learnt to paint properly. You haven't mixed the paint, and all the paint is running. I'd better paint the door once again. You're completely hopeless.
5. •Hopeless, indeed! Well, if you say I can't paint, I'd better stop working. It's time for me to have a bath . . . have you connected the pipes yet, Blodwen? It's time for you to do, because there's no water in the bath. I'm going to rest in the bath for a minute or two. Is supper ready, Blodwen?
6. •Oh men! They can't paint, mix cement, cook —only talk, drink and lounge around. Oh well, I'd better make soup for him —he'll be happy then, I hope.
7. •Oh Blodwen, the soup was wonderful. You've worked hard today. You'd better go to the pub to have a pint tonight —you deserve one.

Trwsio'r Car

1. •Look at my new car, Blodwen, I've bought it for £500 from my friend.
   •But Hywel, what is the strange sound that's coming from you car?
2. •Damn, Blodwen, the exhaust pipe has broken. It has broken in two.
   •Have you got a new one?
   •No, I must mend it. Have you got Elastoplast?
3. •Look at the paint, Hywel, there's rust on your car.
   •Hell, the brake isn't working —I must mend it as well.
4. •Well, I'm blowed (little people) these foreign cars are odd —there's no engine in the car. Blodwen! Have you seen an engine somewhere?
5. •What on earth is this pipe, Blodwen?
   •Hey, Hywel, that is the exhaust pipe. Put it back at once. Have you got a spanner?
   •Yes. Hey, Blodwen, when is the party starting?
6. •Which party?
   •Huw and Siân's party —they are celebrating buying their new house. By the way (by hand) Blodwen, my friend gave me 40 tins of lager.
   •Why Hywel?
   •I've done him a favour by buying the car, he says.
7. •I can believe that all right —Huw has phoned to say that the party's starting at eight o'clock.
   •All right, I'm finishing putting the wheels back. Is the beer in the car ready? (already)
8. •I've put it in the car, Hywel. The beer's ready, I'm ready, are you ready, Hywel?
   •Yes, hell, where's the key? Ah, here it is, off we go then.

Pryd o Fwyd

1. •Hey, Blodwen, I've just remembered —your birthday is today. Come from the sink —we're going out for a meal.
   •Oh Hywel, that's a good idea. What about going to the hotel that's just opened in town?
2. •Well, Hywel, I'm driving to town —you can drive back home tonight, in case I'll be drunk.
   •Welcome, Blodwen.
   •Hywel is very courteous tonight —I wonder why.
3. •Now then, what's on the menu?
   •Chicken and noodles £5, fish and rice £6, curry and chips £5. Hell, Blod, it's very expensive. Never mind, come in.
4. •What's the matter, Hywel?
   •Damn, it's only a pound I have. Only enough

money to buy a bottle of beer.
•Oh well, you'd better buy a bottle.

5. •Jiw, Blodwen, this little bottle cost 99p. But never mind, here's a birthday present for you.
•What are we doing now, Hywel?
•What about going back to the house to eat the meat circles (beefburgers)?

6. •Great –beer and meat. Then I'm going out to the pub to have a game of darts.
•No such luck, boy. You're staying in the house with me –it's me who's having a birthday tonight.

7. •I'm sorry, Hywel, but there's no sauce here, only a meat circle and bread. (He'll remember the money next time, I'm sure)
•Never mind, Blodwen, the beer's good.
•I'm going to look at television.

8. •The food isn't fit for a dog! And I've got to wash the dishes! And I can't play darts tonight. And only Gwyn Erfyl is on television. I'm going to bed.

Siopa am Siwgr

1. •Do you realise that the cupboard is empty? It's high time for you to go shopping.
•But I've made a list for you –I think that everything is on this list.

2. •All right –but I'm surprised that there are so many things. Oh well, off I go then.

3. •One pound of mackerel, please. Are you sure that the fish are fresh? –They smell,
•Everyone knows that I sell the best fish, sir.

4. •Now then, Tesco! Hell on earth –but a bilingual hell, thank goodness! I know that everything's here –but where? Where's the sugar?

5. •Excuse me, where's the sugar?
•I think the sugar's the other side of the toiletries.

6. •Halleluiah, the sugar. I'm sure that I've had everything now –fish, vegetables, fruit, bread, cockles and sugar.

7. •At last! I'm sure that I deserve a medal for shopping today or at least a pint or two.

8. •Had everything? But where's the flour, the butter, the bacon –I'm sure that you haven't looked properly– and only one pound of sugar! Go back at once.
•Well I'm blowed! (thinking: I believe that the pubs have opened –a good chance for me to go for a pint or two before shopping). Everything's all right love, I won't be long.

Trefnu Gwyliau

1. ONE DAY AT THE OFFICE
•I'm ready for a holiday! If Blodwen is willing, I want to go to the continent this year. The girl in this picture looks interesting. I wonder where I shall be able to see her?
•(reading) A new camp will open this year on the Costa Ariana. The campers won't have to wear clothes –they will be able to swim and sunbathe nude. The price will be very cheap . . . "

2. •Hell, I'll be going to Costa Ariana this year. That's the place for me. Whiw! Will all the girls be like this one? What else will be there, I wonder?
• (reading) "A lot of people will want to go to the new camp, therefore you will have to book early if you will want to go." Right then, I'll ask Blodwen tonight if she wants to go to Spain with me –I won't tell her that we'll be staying in a camp for nudists.

3. •Have you had a good day at work today, Hywel?
•Oh, I've worked hard all day. I believe we deserve a good holiday this year. What about going to Spain? You'll be in your element there –it will be fine every day, and you'll be able to forget everything for a fortnight. We'll be going tomorrow to the travel agent to book.

4. •When will you be going to Spain? And where will you want to stay?
•We'll be able to go during the first fortnight in August –and we'll want to stay in Costa Ariana –I've read that a luxurious camp has just opened there.
•Yes, that's an odd thing, the town's women hockey team are going there in the beginning of August as well.

5. •Will you want to travel in a train, plane or in a ship?
•In a plane –only a fortnight's holiday we'll have– and we'd better spend the time in Spain than in a train or ship.
•Right, I'll phone now –'Yes, I want to keep a place for two on the plane to Barcelona in the beginning of August. Have you got room? . . . two persons, back and fore . . . everything all right? lovely, thanks. Goodbye." Yes, there's room for you on the plane. I'll write now to the camp to keep a place for you.
6. •The plane will be leaving Cardiff at nine in the morning, then you'll fly to Amsterdam, and in Amsterdam you'll catch a plane to Barcelona. The journey will last three hours.
•What about bags?
•Well, you'll be able to take one case each. Will that be enough?
•Well, we won't need a lot of clothes, will we (won't it) Blod?
7. IN THE HOUSE THAT NIGHT
•Well, Blod, everything has worked out well. In six months, we'll be travelling far, far. What about celebrating?
•I'm looking forward, Hywel. What will I be able to wear, Hywel? I'll have to buy a new summer frock, and I'll buy a new swim-suit, and I'll buy a skirt to wear on the beach . . .
8. BUT THREE MONTHS LATER
•The doctor has said that I'm expecting a baby, Hywel –we'd celebrated too much that night three months ago.
•Will you be able to go to Costa Ariana now?
•The doctor has said it won't be good for me to fly. Therefore I'll be staying at home. But you must go, Hywel, in order to get a holiday before the baby comes.
•You're kind, Blodwen. (I'll be able to learn to play hockey.)

Sioe Sleidiau

1. •Welcome, Huw and Gwenno. You're lucky – the slides of my holidays came with the post this morning. Come in to see the slides.
2. •Were you staying in a hotel?
•Yes –we had a hotel in the middle of the mountains, and we were skiing every day. We went to town in the valley one day –that's the way to town.
3. •We were drinking every day as well –every morning, afternoon and night– here's Alun and me drinking schnaps.
4. •We went down the mountain to the next village one day –we had a good time there drinking in a hotel.
5. •Then we were in the sauna bath –we went there with two girls . . .
6. •And in the night we had a wild party –one of the Trwynau Coch was singing there.
•I went to the party as the Queen of Sheeba, and my brother went as the Hound of Baskerville.
7. •It was snowing one night –and we didn't go out of the hotel for three days. Luckily there was enough beer in the hotel, and we were drinking on the balcony all day.
8. •Hey, Huw, don't sleep –there are another 50 pictures.

Mynd i'r Gêm

1. •Goodbye, little Sionyn. Your father went to the game last time, so it's me who's going this time.
•Goodbye, mum. Dad had a good time, I remember. Don't drink too much.
2. •We had a good place to see the game, Blodwen. Did you bring the whisky bottle?
•Yes, of course, but I forgot to buy a programme. Who's playing, Mari?
3. •Whiw, look at his legs. Mari! They are like oak trees! Did you see legs like that before?
•No, indeed. And he kicked that ball prettily, didn't he?
4. MEANWHILE
•Did you find the shirt, Sionyn? We have almost finished ironing.
•Here's the last shirt, dad. But you didn't iron it very well.

5. BACK IN THE GAME
   •Whiw, he kicked that penalty well –straight through the posts.
6. •We'll be 'pyst' tonight, perhaps, Mari! Look –they scored another try.
   •Scrum and maul –that's all rugby is.
7. AFTER THE GAME
   •Well, Mari, did you enjoy the game?
   •Yes, well at least, we won, but I didn't understand a lot of the game.
   •Well, one small one before going. I didn't drink too much before driving did I?
8. •Hello, Alun, I smashed the car on the way home, hic. Did you finish the ironing? It's your turn to go out next –you're going to chapel tomorrow morning!

Tyfu Tatws

1. •You should have cleared that mess last year, Hywel.
   •I would have liked to have done that, love.
2. •Now Hywel, if you grew vegetables in the garden, I could prepare gourmet food for you.
   •Right, Blod, no problem.
3. •I've just cut the tree down, Blod. What should I do next?
   •You should fetch a wheelbarrow to move the stones.
4. •Hey, Hywel, you shouldn't do . . .
   •Don't worry, Blod, giving water to the lawn I am.
5. •You shouldn't wet the clothes, the fool.
   •You should have moved them from the line, then.
6. •Now then, a rake to clear the leaves and the grass, and then I should be able to plant potatoes.
7. •Abel, the dull dog! Go away! You shouldn't dig the potatoes.
8. •Happy now, Blod? I should be a farmer, I think. At least, I deserve a pint or two tonight.

Gwneud Gwin

1. •Hell, the spätlese from Germany has finished. What shall we do now?
   •It's too expensive to buy good wine today. Can you make wine, Hywel?
2. •I can try. I'll look in the book to see. It'll take 6 months for the wine to be ready, I'm afraid, Blodwen.
3. •I'll collect a pound or two of these raspberries, then I'll boil them . . .
   •Hey, Hywel. Don't eat them! You'll never have wine if you'll eat them all.
4. •Now then, if I put yeast in this bucket, it should be ready to be put in a jar in a week.
   •Hey, Hywel, bring me that saucepan –I want to make dinner.
5. •I can put the wine in the jar now. We'll see what kind of taste it has as well.
   •Hey, Hywel, don't suck all the wine –leave some for me.
6. •Now then, I'll pour the wine into the jar.
   •Must you do it in the kitchen, Hywel? Half the wine is on the floor.
7. SIX MONTHS LATER
   •What's your opinion, Blod?
   •A little bit like vinegar, isn't it? May I have another glass?
   •I'll never believe the wine is ready.
8. •You're drunk already, Blod. There's enough alcohol in the wine, anyway.
   •What did Omar Khayyam say? "A little blushing wine . . . "

VOCABULARY
Cymraeg-Saesneg

When using this vocabulary, remember:

1. The Welsh word may be mutated (see page 64). Look up the original sound.
2. Some letters in Welsh seem to be in a different order from English, because **ch, dd, ff, ng, ll, ph, rh, th** are single letters. Look up the words in the order of the Welsh alphabet: **a b c ch d dd e f ff g ng h i l ll m n o p ph r rh s t th u w y.**
3. **m.**=masculine; **f.**=feminine. Plural of nouns is put in brackets, e.g., **ysgol** (f.-**ion**)—school: schools= **ysgolion. v** = verb.

A

a—and
â—with
aber—mouth of river
ac ati—and so on
actio—to act
actor (m.-ion)—actor
achos (m.-ion)—cause; **achos da** —a good cause
adeg (f.-au)—period
adeilad (m.-au)—building
adeiladu—to build
aderyn (m.adar)—bird
adfail (m.adfeilion)—ruin
adnabod—to know, recognise
adre (f.)—homewards, home
addo—to promise
afal (m.-au)—apple
afon (f.-ydd)—river
agor—to open; **ar agor**—open
agored—open
agos—near
anghofio—to forget
alaw (f.-on)—tune, melody
am—for
amgueddfa (f.amgueddfeydd)—museum
aml—often
amser (m.-au)—time
anfon—to send
anffodus—unfortunate
anifail (m.anifeiliaid)—animal
annwyl—dear
anodd—difficult
anrheg (f.-ion)—gift
annwyd (m.-au)—chill
ar—on
araf—slow
arbennig—special
ardderchog—excellent
arian (m.)—money
aros—to wait
asgwrn (m.esgyrn)—bone
at—to, towards
atal—to stop
ateb (m.-ion)—answer
ateb—to answer
athro (m.athrawon)—teacher
aur—gold
awr (f.oriau)—hour
awyr (f.)—sky
awyren (f.-nau)—aeroplane

B

baban (m.-od)—baby
bach—small
bachgen (m.bechgyn)—boy
balch—proud, pleased
banc (m.-iau)—bank
bar (m.-rau)—bar
bara (m.)—bread; **bara lawr**—laver bread; **bara menyn**—bread & butter
bardd (m.beirdd)—poet
bargen (f.bargeinion)—bargain
basged (f.-i)—basket
baw (m.)—dirt
berwi—to boil
beth?—what?
beudy (m.beudai)—cowshed
bil (m.-iau)—bill
blaen (m.)—front; **o'r blaen**—before (in time); **o flaen**—in front of; **yn y blaen**—in the front
blanced (m.-i)—blanket
blas (m.-au)—taste
blawd (m.)—flour
ble?—where?
blin—tiresome; **mae'n flin 'da fi** —I'm sorry
blinedig—tired
blino—to get tired; **wedi blino**—tired
blodyn (m.blodau)—flower
blows—blouse
blwyddyn (f.blynyddoedd)—year
bod—to be; that
bodlon—contented, pleased, willing

bolheulo–to sunbathe
bore (m.-au)–morning
brawd (m.brodyr)–brother
brêc (m.-iau)–brake
brecwast (m.-au)–breakfast
bresychen (f.bresych)–cabbage
brethyn (m.-nau)–tweed
brigâd (f.-au)–brigade; **brigâd dân**–fire brigade
bron (f.-nau)–breast
bronglwm (m.bronglymau)–bra
brown–brown
brwnt–birty
bryn (m.-iau)–hill
brysio–to hasten
buwch (f.buchod)–cow
bwced (m.-i)–bucket
bwrdd (m.byrddau)–table
bwrw eira–to snow
bwrw glaw–to rain
bws (m.bysus)–bus
bwthyn (m.-nod)–cottage
bwyd (m.-ydd)–food
bwydlen (f.-ni)–menu
bwyta–to eat
byd (m.-oedd)–world
bydd e–he will (*see grammar for full verb form*)
byr–short
bys (m.-edd)–finger
byw–to live

C

cacen (f.-nau)–cake
cadair (f.cadeiriau)–chair
cadw–to keep
cae (m.-au)–field
caead (m.)–lid
cael–to have
caer (f.ceyrydd)–fort
caled–hard, difficult
calon (f.-nau)–heart
cam–bent
câm (m.-au)–step
cân (f.-euon)–song
cannwyll (f.canhwyllau)–candle
canhwyllbren (m.canwyllbrennau)–candlestick
canol–middle
canrif (f.-oedd)–century
cant (m.cannoedd)–hundred
canu–to sing
canwr (m.cantorion)–singer
capel (m.-i)–chapel
car (m.ceir)–car
carchar (m.-au)–jail
carden (f.cardiau)–card
caredig–kind
cariad (m.-on)–sweetheart, love
cario–to carry
carreg (f.cerrig)–stone
cartref (m.-i)–home
cas–nasty
casàu–hate
casglu–to collect
castell (m.cestyll)–castle
cath (f.-od)–cat
cau–to close
cawl (m.)–soup, mess
caws (m.)–cheese
ceffyl (m.-au)–horse
ceg (m.-au)–mouth
cegin (f.-au)–kitchen
ceiliog (m.-od)–cockerel
ceiniog (f.-au)–penny
celfi–furniture
Celtaidd–Celtic
cenedl (f.cenhedloedd)–nation
cenedlaethol–national
cerdyn (m.cardiau)–card
cerdded–to walk
cês (m.-us)–case
ci (m.cwn)–dog
cicio–to kick
cig (m.-oedd)–meat
cinio (m.ciniawau)–dinner, lunch
clawdd (m.cloddiau)–hedge
clefyd (m.-au)–illness
clir–clear
cloc (m.-iau)–clock
cloch (f.clychau)–bell
cloff–lame
cludo–to carry, give a lift to, to transport
clust (f.-iau)–ear
clustog (f.-au)–pillow
clwyf (m.-au)–wound, disease
clywed–to hear
coch–red
codi–to raise, to get up
coeden (f.coed)–tree
coes (f.-au)–leg
cofio–to remember
coffi–coffee
coginio–to cook
colli–to lose
copa (f.-on)–summit
costio–to cost
cot (f.-iau)–coat
craig (f.creigiau)–rock
credu–to believe
crefft (f.-au)–craft
crochenwaith (m.)–pottery
croen (m.crwyn)–skin
croes (f.-au)–cross
croesi–to cross
croeso (m.)–welcome
cryf–strong
crys (m.-au)–shirt
curo–to beat
cusanu–to kiss
cwch (m.cychod)–boat
cwestiwn (m.-au)–question
cwis–quiz
cwm (m.cymoedd)–valley
cwmni (m.-oedd)–company
cwmwl (m.cymylau)–cloud
cwpan (m/f.-au)–cup
cwpwrdd (m.cypyrddau)–cupboard
cwrw (m.)–beer
cwsmer (m.-iaid)–customer
cwympo–to fall
cychwyn–to start
cyflym–fast
cyfoethog–rich
cyfri–to count
cyngerdd (m/f.cyngherddau)–concert
cyhoeddus–public
cyllell (f.cyllyll)–knife
cymdeithas (f.-au)–society
Cymdeithas yr Iaith Gymraeg–Welsh Language Society
Cymraeg (f.)–Welsh (language)
Cymraes (f.Cymreigesau)–Welsh woman
Cymreig–Welsh (apart from language)
Cymro (m.Cymry)–Welshman
Cymru–Wales
cymryd–take
cymysgu–to mix
cyn–before
cynnar–early
cynnes–warm
cynnig–to suggest
cyntaf–first
cyrraedd–to reach
cysgu–to sleep
cysurus–comfortable
cytuno–to agree
cythrel (m.cythreuliaid)–devil; **Cer i'r cythrel**–Go to the...
cyw (m.-ion)–chicken

Ch

chi–you
chwaer (f.chwiorydd)–sister
chwarae–to play
chwaraewr (m.chwaraewyr)–player
chwarter (m.-i)–quarter
chwerthin–to laugh
chweugen (m.)–50p
chwith–left

D

'da–with
da–good
dafad (f.defaid)–sheep
daear (f.-oedd)–earth, land

dal–to catch
dangos–to show
dan–under, below
darganfod–to find
darlun (m.-iau)–picture
darllen–to read
darn (m.-au)–piece
dathlu–to celebrate
dawns (f.-feydd)–dance
dawnsio–to dance
de (m.)–south
de–right (side); **ar y dde**–on the right
deall–to understand
dechrau–to start
deffro–to awake
denu–to attract
derbyn–to receive
dewch!–come!; **dewch â...!**–bring...!
dewis–to choose
diawl (m.-ed)–devil
diddorol–interesting
diferyn (m.**diferion**)–drop (of fluid)
digon–enough
dillad (m.)–clothes
dim–no, nothing; **dim byd**–nothing; **dim ots**–no matter
dime (f.-iau)–½p
dinas (f.-oedd)–city
diod (f.-ydd)–drink
diolch (m.-iadau)–thanks
dirwy (f.-on)–fine (in court)
disgwyl–to expect
diwedd (m.)–end
diwethaf–last
dod–to come
dod â–to bring
dodi–to put
dodrefn (m.)–furniture
drama (f.-u)–drama
dringo–to climb
dros–over
drud–expensive
drwg–bad, evil, naughty
drws (m.**drysau**)–door
drwy–through
drych (m.-au)–mirror
du–black
dwbwl–double
dweud–to say
dŵr (m.)–water
dwsin–dozen
dwyrain–east
dwywaith–twice
dy–your
dychwelyd–to return
dydd (m.-iau)–day
dymuniad (m.-au)–wish
dymuno–to wish
dyn (m.-ion)–man
dysgl (f.-au)–dish
dysgu–to teach, to learn
dyweddio–to be engaged

Dd

ddoe–yesterday

E

e–he, it
ebol (m.-ion)–foal
edrych–to look
edrych ar–to look at
efallai–perhaps
eglwys (f.-i)–church
yr Eidal–Italy
eidion–beef
eiliad (m/f.-au)–second
eillio–to shave
ei–his
eich–your
ein–our
eira (m.)–snow; **bwrw eira**–to snow
eistedd–to sit
eleni–this year
ennill–to win
enw (m.-au)–name
enwog–famous
eog (m.-iaid)–salmon
esgid (f.-iau)–shoe
eto–again
eu–their
ewch!–go!; **ewch â!**–take...!
ewythr (m.-edd)–uncle
ewyn (m.)–froth, foam

F

faint–how much; **faint o**–how many
fe–he, him
fi–me; **fy**–my

Ff

ffair (f.**ffeiriau**)–fair
ffatri (f.-oedd)–factory
ffedog (f.-au)–apron
ffenestr (f.-i)–window
fferm (f.-ydd)–farm
ffermdy (m.**ffermdai**)–farmhouse
ffermwr (m.**ffermwyr**)–farmer
fferyllydd (m.**fferyllwyr**)–chemist
ffilm (f.-iau)–film
ffodus–fortunate
ffôl–foolish
ffôn, teliffon–telephone
ffonio–to phone
fforc (f.**ffyrc**)–fork
ffordd (f.**ffyrdd**)–way
fforest (f.-ydd)–forest
ffrio–to fry, to quarrel
ffrog (f.-iau)–frock
ffrwyth (m.-au)–fruit
ffwrdd, i ffwrdd–away
ffwrn (f.**ffyrnau**)–oven, stove

G

gadael–to leave
gaeaf (m.-au)–winter
gair (m.**geiriau**)–word
galw–to call
galwyn (m.-i)–gallon
gallu–to be able to
gan–by
ganddi hi–with her
ganddo fe–with him
ganddyn nhw–with them
gardd (f.**gerddi**)–garden
gartre (f.)–at home
gât (m.-iau)–gate
gêm (f.-au)–game
gen i–with me
gennych chi–with you
gennyn ni–with us
gêr–near, by
gêr (m.)–gear
glân–clean
glan y môr–sea-side
glas–blue
glaswellt–grass
glaw (m.-ogydd)–rain
glo (m.)–coal
gloi–fast, quick
gobaith (m.**gobeithion**)–hope
gobeithio–to hope
godro–to milk
gofal (m.-on)–care
gofalu–to care, look after
gofalwr (m.**gofalwyr**)–keeper
gofyn–to ask
gogledd (m.)–north
golau–light
golchi–to wash
golygfa (f.**golygfeydd**)–scenery
gorau–best
gorffen–to finish
gorffwys–to rest
gorllewin (m.)–west
gormod–too much
gorsaf (f.-oedd)–station
gorwedd–to lie down
grat (m.-iau)–grate
grawnwin–grapes
grefi (m.)–gravy
gris (m.-iau)–step
gwaeth–worse

gwag–empty
gwahoddiad (m.-**au**)–invitation
gwaith (m.**gweithiau/gweithfeydd**)–work
gwallgo–mad
gwallt (m.-**au**)–hair
gwan–weak
gwanwyn (m.)–spring
gwario–to spend
gwau–to knit
gwartheg (m.)–cattle
gwddf (f.**gyddfau**)–neck
gweddol–fair, fairly
gweithio–to work
gweld–to see
gwely (m.-**au**)–bed
gwell–better
gwella–to recover, make better
gwên (f.-**au**)–smile
gwen–white
gwenu–to smile
gwersyll (m.-**oedd**)–camp
gwersylla–to camp
gwerth (m.-**oedd**)–value; **ar werth**–for sale
gwerthiant (m.**gwerthiannau**)–sale
gwerthu–to sell
gwesty (m.**gwestai**)–hotel
gwin (m.-**oedd**)–wine
gwir–true
gwir (m.)–truth
gwisg (f.-**oedd**)–dress
gwisgo–to wear, to dress
gwlad (f.**gwledydd**)–country
gwladgarol–patriotic
gwlân (m.)–wool
gwlyb–wet
gwlychu–to wet, to get wet
gwneud–to do, to make
gŵr (m.**gwŷr**)–man, husband
gwraig (f.**gwragedd**)–wife, woman
gwrando–listen
gwybod–to know
gwydryn (m.**gwydrau**)–glass
gŵyl (f.-**iau**)–holiday
gwylio–to watch
gwyn–white
gwynt (m.-**oedd**)–wind
gwyrdd–green
gyd, i gyd–all
gyda–with
gyntaf, yn gyntaf–first
gyrru–to drive

H

haearn (m.**heyrn**)–iron
haf (m.-**au**)–summer
halen (m.)–salt
hanner (m.**haneri**)–half
hapus–happy
hardd–beautiful
haul (m.**heuliau**)–sun
hawdd–easy
heb–without
heblaw–except
hedfan–to fly
heddiw–today
helpu–to help
hen–old
heno–tonight
heol (f.-**ydd**)–road
het (f.-**iau**)–hat
hi–she, her, it
hir–long
hoffi–to like (to)
holl–all
hon (f.)–this, this one
hosan (f.**sanau**)–sock
hufen (m.)–cream
hun (**hunain**)–-self, -selves
hwn (m.)–this, this one
hwyl (f.-**iau**)–fun, spirit; sail
hwylio–to sail
hwyr–late
hydref (m.)–autumn
hyfryd–lovely

I

i–to
iâ (m.)–ice
iach–healthy
iaith (f.**ieithoedd**)–language
iâr (f.**ieir**)–hen
iddi hi–to her
iddo fe–to him
iddyn nhw–to them
iechyd (m.)–health
ifanc–young
isel–low

J

jam (m.)–jam
jiw!–wel!

L

lan–up
lawr–down
lwcus–lucky

Ll

llaeth (m.)–milk
llai–less
llais (m.**lleisiau**)–voice
llaw (f.**dwylo**)–hand
llawen–happy
llawer–many, a lot
llawn–full
llawr (m.**lloriau**)–floor
lle (m.**llefydd**)–place
llechen (f.**llechi**)–slate
lleiaf–smallest, least
llen (f.-**ni**)–curtain
llestr (m.-**i**)–dish
llety (m.)–lodging, B&B
lleuad (f)–moon
llifo–to flow
lliw (m.-**iau**)–colour
llo (m.-**i**)–calf
Lloegr–England
llofft (f.-**ydd**)–upstairs
llong (f.-**au**)–ship
llon–happy
llosgi–to burn
llun (m.-**iau**)–picture
llwy (f.-**au**)–spoon
llwybr (f.-**au**)–path
llwyd–grey
llydan–wide
llyfr (m.-**au**)–book
llygad (m.**llygaid**)–eye
llyn (m.-**noedd**)–lake
llynedd–last year
llys (m/f.-**oedd**)–court
llythyr (m.-**au**)–letter

M

mab (m.**meibion**)–son
mae–is, are, there is, there are
magu–to nurse
mam (f.-**au**)–mother
mamgu (f.)–grandmother
maneg (f.**menyg**)–glove
map (m.-**iau**)–map
marchnad (f.-**oedd**)–market
mawr–big
medd–says
medd (m.)–mead
meddw–drunk
meddwi–to get drunk
meddwl–to think
meddwyn (m.**meddwon**)–drunkard
meddyg (m.-**on**)–doctor
mefus–strawberries
mêl (m.)–honey
melyn–yellow
melys–sweet
menyn (m.)–butter
menyw (f.-**od**)–woman
merch (f.-**ed**)–girl
mil (f.-**oedd**)–thousand
milltir (f.-**oedd**)–mile
mis (m.-**oedd**)–month
mo–not, none of

mochyn (m.**moch**)–pig
modrwy (**f.-on**)–ring (wedding &c)
modryb (**f.-edd**)–aunt
modurdy (m.**modurdai**)–garage
mor–so *(with adj.)*
môr (m.**-oedd**)–sea
moron–carrots
moyn–to want
munud (m/**f.-au**)–minute
mwy–more
mwyaf–most
mwyn–gentle
mwynhau–to enjoy
mynd–to go
mynd â–to take
mynydd (m.**-oedd**)–mountain

N

nabod–to know (a person)
Nadolig (m.)–Christmas
nawr–now
neges (**f.-euon**)–message
neidio–to jump
neis–nice
neithiwr–last night
nesaf–next
neuadd (**f.-au**)–hall; **neuadd y dref**–town hall
newid–to change
newydd–new
newyddion–news
nhw–they, them
ni–us, we
ni *(before verb)*–not
niwl (m.**-oedd**)–mist, fog
noeth–naked
nofio–to swim
nôl–to fetch
nos (**f.**)–night
noson (**f.nosweithiau**)–evening
noswaith (**f.nosweithiau**)–evening
nwy (m.**-on**)–gas
nyrs (**f.-us**)–nurse

O

o–of, from
ochr (**f.-au**)–side
oer–cold
oergell (**f.-oedd**)–fridge
oeri–to cool, to get colder
oen (m.**ŵyn**)–lamb
oes (**f.-au/-oedd**)–age, period
ofnadwy–awful, terrible
offeryn (m.**offer**)–instrument, tool, tackle
ôl (m.**-ion**)–trace, remain; **yn ôl**–back(wards); **ar ôl**–after; **tu ôl**–behind
olaf–last
olew (m.)–oil
olwyn (**f.-ion**)–wheel
ond–but
os–if; **os gwelwch yn dda**–please
dim ots–no matter
owns (**f.**)–ounce

P

pa?–which?
pabell (**f.pebyll**)–tent
pacio–to pack
paentio–to paint
pafin (**m.**)–pavement
paid a...–don't...
pam?–why?
pannas–parsnips
pant (m.**-au/-iau**)–vale
papur (m.**-au**)–paper
papuro–to paper
paratoi–to prepare
parc (m.**-iau**)–park
parod (**yn barod**)–ready
pawb–everybody
pecyn (m.**-nau**)–packet
peidiwch–don't
peint (m.**-iau**)–pint
peiriant (m.**peiriannau**)–machine, engine
pêl (**f.-i**)–ball; **pêl-droed**–football
pell–far
pen (m.**-nau**)–head
pennod (**f.penodau**)–chapter
pentref (**f.-i**)–village
penwaig–herrings
persawr (m.**-au**)–perfume
pert–pretty
perth (**f.-i**)–hedge
peth (m.**-au**)–thing
Plaid Cymru–literally, the Party of Wales
plât (m.**-iau**)–plate
platfform (m.)–platform
plentyn (m.**plant**)–child
pobi–to bake
pobl (**f.-oedd**)–people
poced (m/**f.-i**)–pocket
poen (**f.-au**)–pain
poeni–to worry, to tease
poeth–hot
polyn (m.**polion**)–pole
pont (**f.-ydd**)–bridge
popeth–everything
porfa (**f.porfeydd**)–grass
potel (f.**-i**)–bottle
pregeth (**f.-au**)–sermon
pregethu–to preach
pregethwr (m.**pregethwyr**)–preacher
priodas (**f.-au**)–marriage
priodfab (m.)–groom
priodferch (**f.**)–bride
priodi–to marry
pris (m.**-iau**)–price
pryd?–when?
pryd o fwyd–a meal
prydferth–beautiful
prynhawn (m.**-au**)–afternoon
prynu–to buy
prysur–busy
punt (**f.punnoedd**)–pound (£)
pwdin (m.)–pudding
pwy?–who?
pwys (m.**-i**)–pound (lb)
pwysig–important
pwyso–to press, to lean, to weigh
pysgodyn (m.**pysgod**)–fish
pysgota–to fish
pythefnos (**f.-au**)–fortnight

R

'r–the *(after vowel)*
record (m/**f.-iau**)–record
r'wan–now *(North Wales)*

Rh

rhad–cheap
rhaff (**f.-au**)–rope
rhaglen (**f.-ni**)–programme
rhaid–must
rhaw (**f.rhofiau**)–spade
rhedeg–to run
rhegu–to swear
rhestr (**f.-au**)–list
rhieni–parents
rhif (m.**-au**)–number
rhifo–to count
rhiw (m/**f.-iau**)–hill, slope
rhodd (**f.-ion**)–gift
rhoddi–to give
rhoi–to give
rhosyn (m.**-nau**)–rose
Rhufain–Rome; **Rhufeiniaid**–Romans
rhwng–between
rhy–too
rhydd–free; **Cymru Rydd!**–Free Wales!
rhyddid (m.)–freedom
rhyw–some *(adj.)*
rhyw (**f.-iau**)–sex
rhywbeth (m.)–something
rhywle–somewhere
rhywun (m.**rhywrai**)–someone

S

Saesneg–English language
Saeson–Englishmen
saff–safe
Sais–Englishman
sâl–ill
salw–ugly
sanau–stockings, socks
sant (m.saint)–saint
sebon (m.)–soap
sefyll–to stand
Seisnig–English *(adjective, not the language)*
senedd (f.**-au**)–parliament
seremoni (f.-au)–ceremony
sêt (f.-i)–seat
set (f.-iau)–set
sgert (f.-iau)–skirt
sgôr (m.)–score
sgorio–to score
siarad–to talk
siec (m.-iau)–cheque
sigaret–cigarette
siglo–to shake
sinema (m.-u)–cinema
siop (f.-au)–shop
siopa–to shop
sir (f.-oedd)–county, shire
siwgr (m.)–sugar
siŵr–sure
siwt (f.-iau)–suit
siwtio–to suit
soffa (f.)–sofa
stondin (f.-au)–stall
stori (f.-au)–story
storm (f.-ydd)–storm
streic (f.-iau)–strike; **ar streic** –on strike
stryd (f.-oedd)–street
sut?–how? what kind of? *(before nouns)*
y Swisdir–Switzerland
swllt (m.sylltau)–shilling
sŵn (m.-au)–noise, sound
swnllyd–noisy
swper (m.-au)–supper
swydd (f.-i)–job
swyddfa (f.swyddfeydd)–office; **swyddfa'r heddlu**–police station; **swyddfa'r post**–post office
sych–dry
syched (m.)–thirst; **mae syched arnaf**–I've got a thirst
sychu–to dry
symud–to move
syniad (m.-au)–idea

T

tad (m.-au)–father
tadcu (m.tadau cu)–grandfather
tafarn (f.-au)–pub
tai–houses
taflu–to throw
taith (f.teithiau)–journey
tal–tall
talu–to pay
tamaid (m.tameidiau)–bit, slice
tân–fire
tarw (m.teirw)–bull
taten (f.tatws)–potato
tawel–quiet
te (m.)–tea
tegell (m.-au)–kettle
tei (m.)–tie
teimlo–to feel
teisen (f.-nau/ni/nod)–cake
teithio–to travel
teledu (m.)–television
telyn (f.-nau)–harp
tenau–thin
teulu (m.-oedd)–family
tew–fat
tlawd–poor
tlws–pretty
tocyn (m.-nau)–ticket
tôn (f.-au)–tune
ton (f.-nau)–wave
torri–to cut, break
torth (f.-au)–loaf
tost–ill
tost (m.)–toast
traeth (m.-au)–beach
trafnidiaeth (f.)–traffic
traffig (m.)–traffic
trebl–treble
tref (f.-i)–town
trefnu–to arrange
trên (m.-au)–train
trist–sad
tro (m.-eon)–turn, bend; **am dro** –for a walk
troed (m.traed)–foot
troi–to turn
trôns–nickers, pants
tros–over
trwm–heavy
trwser (m.**-i**)–trouser
trwy–through
trwyn (m.-au)–nose
trydan (m.)–electricity
tu (m.)–side; **tu ôl**–behind
twll (m.tyllau)–hole
tŵr (m.tyrau)–tower
twrci (m.-od)–turkey
twym–warm
tŷ (m.tai)–house
tŷ bach–toilet
tyfu–to grow
tynnu–to pull
tywel (m.-ion)–towel
tywod (m.)–sand
tywydd (m.)–weather
tywyll–dark

U

uchaf–highest
uchel–high
uffern (f.)–hell
uffernol–hellish
ugain–twenty
un–one
unig–lonely
unwaith–once
uwch–higher
uwd (m.)–porridge

W

wal (m.-ydd)–wall
weithiau–sometimes
wrth–by, near
wy (m.-au)–egg; **wy wedi'i ferwi**–boiled egg; **wy wedi'i ffrio**–fried egg
wyneb (m.-au)–face
wynwns–onions
wythnos (f.-au)–week

Y

y–the *(before consonant)*
ychydig–a little, a few
ydy–is
yfed–to drink
yfory–tomorrow
yma–here
ymlaen–forwards, on
ymolchi–to wash (oneself)
ynad (m.-on)–magistrate
ynys (f.-oedd)–island
yr–the *(before vowel)*
ysbyty (m.ysbytai)–hospital
ysgafn–light
ysgol (f.-ion)–school, ladder
ysgrifennu–to write
ysgrifenyddes (f.-au)–(female) secretary
ysgrifennydd (m.**-ion**)–secretary
ystafell (f.-oedd)–room; **ystafell wely**–bedroom; **ystafell fwyta**–dining room; **ystafell ymolchi**–bathroom
yw–is

Saesneg-Cymraeg

A

a—left out in Welsh
able—gallu (v.): galluog (a.); to be able to—gallu
above—uwch ben, dros
accept—derbyn
ache—poeni (v.); poen (f.) -au
accelerator—sbardun (m.)
accident—damwain (f.) -damweiniau
accross—ar draws
act—actio (v.); act (f.) -au
actor—actor (m.) -ion; actores (f.) -au
address—cyfeiriad (m.) -au
aeroplane—awyren (f.) -nau
after—ar ôl; after all—wedi'r cyfan, wedi'r cwbwl
afternoon—prynhawn (m.)
again—eto; once again—unwaith eto
age—oed (m.)
agree—cytuno
all—pawb (everyone); i gyd—all the books—y llyfrau i gyd; all the way—yr holl ffordd all the time—yr holl amser; all right—iawn o'r gorau (O.K.)
almost—bron
also—hefyd
always—o hyd, wastad, bob amser
ambulance—ambiwlans (m.)
and—a, ac (before vowels)
angry—cas
animal—anifail (m.) -anifeiliaid
answer—ateb (v.); ateb (m.) -ion
any—unrhyw; anyone—unrhywun; anything—unrhyw beth
apple—afal (m.) -au
apron—ffedog (f.) -au
arm—braich (f.) -breichiau
arrive—cyrraedd
ashtray—blwch llwch (m.) -blychau llwch
at—wrth (by); yn (in); at two o'clock—am ddau o'r gloch; at the table—wrth y bwrdd; at Aberystwyth—yn Aberystwyth; at all—o gwbl; at last—o'r diwedd; at the end— yn y diwedd; at the end of the road—arddiwedd yr heol; at home—gartrei
attract—denu
attractive—deniadol
aunt—modryb (f.) -edd
autumn—hydref (m.)
awake—deffro (v.); ar ddihun (ad.); effro (a.)
away—i ffwrdd
awful—ofnadwy; awfully good—ofnadwy o dda

B

baby—baban (m.) -od
back—cefn (m.) -au; cefnwr (rugby) (m.) -cefnwyr; to go back—mynd nôl
bad—drwg
bag—bag (m.) -iau
bake—pobi
baker—pobydd (m.) -ion
ball—pêl (f.) -i
banana—bananau (m.) -u
band—band (m.) -iau
bank—banc (m.) -iau
bar—bar (m.) -rau
bargain—bargen (f.) -bargeinion
basket—basged (f.) -i
bath—bath (m.) -iau; cael bath (v.)
bathroom—stafell ymolchi
bathe—ymdrochi; bathing costume/suit —siwt nofio
battery—batri (m.)
be—bod
beach—traeth (m.) -au
beans—ffa
beautiful—prydferth, pert
bed—gwely (m.) -au; to go to bed—mynd i'r gwely; single bed—gwely sengl; double bed—gwely dwbwl
bedroom—ystafell wely (f.) -oedd gwely
beef—cig eidion (m.)
beer—cwrw (m.) -au
before—cyn; before dinner—cyn cinio; before long—cyn hir; before (never seen him)—o'r blaen
behind—tu ôl; pen-ôl (m.) -au
believe—credu
bell—cloch (f.) -clychau
belly—bola, bol (m.) -bolâu
below—dan, o dan
belt—gwregys (m.) -au
bend—tro (m.) -eon; troi (v.); plygu (v.)
bent—cam
best—gorau; the best bitter—y cwrw chwerw gorau
better—gwell; to get better—gwella
between—rhwng
big—mawr
bill—bil (m.) -iau
bird—aderyn (m.) -adar
biscuit—bisgedyn (m.) -bisgedi
black—du
blanket—blanced (f.) -i
bleed—gwaedu
blood—gwaed (m.)
blouse—blows (m.)
blue—glas
boat—cwch (m.) -cychod
body—corff (m.) -cyrff
boil—berwi; boiled egg—wy wedi'i ferwi
bone—asgwrn (m.) -esgyrn
bonnet—bonet (m.)
book—llyfr (m.) -au
book-shop—siop lyfrau (f.)
boot—cist (f.) -iau
bottle—potel (f.) -i
bowls—bowls
boy—bachgen (m.) -bechgyn
bra—bronglwm (m.) -bronglymau
brake—brecio; arafu
break—torri; break-down—torri i lawr
bread—bara (m.); bread and butter—bara menyn
breakfast—brecwast (m.) -au
breast—bron (f.) -nau
bridge—pont (f.) -ydd
brigade—brigâd (f.); fire brigade—brigâd dân; peiriant tân—fire engine
bring—dod â
broad—llydan
brother—brawd (m.) -brodyr
brown—brown
brush—brwsh (m.) -ys
bucket—bwced (m.) -i
build—adeiladu
building—adeilad (m.) -au
bulb—bylb (m.) -iau
burn—llosgi (v.)
bus—bws (m.) -ys
busy—prysur
but—ond
butcher—cigydd (m.)
butter—menyn (m.)
button—botwm (m.) -botymau
buy—prynu
by—gan; wrth (near); by the house—wrth y tŷ; by Gwynfor Evans—gan Gwynfor Evans; pass by—mynd heibio; by now—erbyn hyn

C

cabbage—bresychen (f.) -bresych
cake—teisen (f.) -nod

calendar–calendr (m.) -au
camera–camera (m.) -camerâu
camp–gwersyll (m.) -oedd; gwersylla (v.)
candle–cannwyll (f.) -canhwyllau
car–car (m.) -ceir
cap–cap (m.) -iau
caravan–carafan (f.) -nau
card–cerdyn (m.); carden (f.) -cardiau; post-card–cerdyn post
care–gofal (m.) -on; gofalu (v.)
carrots–moron
carry–cario
case–cês (m.) -ys
castle–cestyll (m.) -cestyll
cat–cath (f.) -od
catch–dal
cathedral–eglwys gadeiriol (f.) -i cadeiriol
cauliflower–blodfresychen (f.) -blodfresych
cause–achos (m.) -ion; good cause–achos da
celebrate–dathlu
celebration–dathliad (m.) -au
Celtic–Celtaidd
century–canrif (f.) -oedd
ceremony–seremoni (f.) -au
chair–cadair (f.) -cadeiriau
change–newid (v.), newid (m.) iadau
chapel–capel (m.) -i
cheap-rhad
cheek–boch (f.) -au
cheese–caws (m.)
chemist–fferyllydd (m.) -fferyllwyr
cheque–siec (m.) -iau
chest–breast (f.)
chicken–cyw (m.) -ion
child–plentyn (m.) -plant
chill–annwyd (m.) -au: I've got a chill–Mae annwyd arna i
chin–gên (f.) -au
chocolate–siocled (m.) -i
choice–dewis (m.)
choir–côr (m.) -au
choose–dewis
chop–golwyth (m.) -ion
Christmas–Y Nadolig (m.)
church–eglwys (f.) -i
cider–seidir (m.)
cigar–sigâr (f.) -au
cigarette–sigarèt (f) -au
cinema–sinema (f.) -ˆu
city–dinas (f.) -oedd
clean–glân
clear–clir (a.), clirio (v.)
cliff–clogwyn (f.) -i
climb–dringo
clock–cloc (m.) -iau
close–cau (v.); agos (a.); closed–ar gau
clothes–dillad; table-cloth–lliain bwrdd (m.)
cloud–cwmwl (m.) -cymylau
clutch–gafaelydd (m.)
coach–bws (m.) -ys
coal–glo (m.)
coast–arfordir (m.) -oedd
coat–cot (f.) -iau; rain coat–cot law; overcoat–cot fawr
cobbler–crydd (m.)
cockerel–ceiliog (m.) -od
coffee–coffi (m.)
cold–annwyd (m.); oer (a.); get colder–oeri; he has a cold–mae annwyd arno fe
collect–casglu
collection–casgliad (m.) -au
company–cwmni (m.) -au
come–dod; come here! –dewch yma!
comfortable–cysurus
compete–cystadlu
competition–cystadleuaeth (f.) -cystadleuthau
conductor–arweinydd (m.) -ion *(of a choir);* tocynnwr (m.) -tocynwyr *(of a bus)*
contented–bodlon
contraceptives–clecrwystrwyr
cook–coginio (v.); cogydd (m.); cogyddes (f.)
cost–costio (v.); cost (f.) -au
cottage–bwthyn (m.) -nod
cough–peswch
count–cyfri
country–gwlad (f.) -gwledydd
county–sir (f.) -oedd
course–cwrs (m.) -cyrsiau
court–llys (m.) -oedd; caru (v.)
cow–buwch (f.) -buchod
cowshed–beydy (m.) -beudai
craft–crefft (f.) -au
cream–hufen (m.)
cross–croesi (v.); croes (f.) -au; cas (a.)
crossing–croesfan (f.) -nau
crown–coron (f.) -au
cup–cwpan (m.) -au; egg cups–cwpanau ŵy
cupboard–cwpwrdd (m.) -cypyrddau
curtain–llen (f.) -ni
custard–cwstard (m.)
customer–cwsmer (m.) -iaid
cut–torri (v.); cwt (m.)

D

dance–dawnsio (v.); dawns (f.) -feydd
danger–perygl (m.) -on
dark–tywyll
darts–picellau
daughter–merch (f.) -ed
day–dydd (m.) -iau
dear–annwyl
dear (expensive)–drud
defeat–curo (v.); curfa (f.)
depart–ymadael
deposit–ernes (f.)
devil–diawl (m.) -ed
dictionary–geiriadur (m.)
difficult–anodd, caled
dining room–ystafell fwyta
dinner–cinio (m.) -ciniawau
dirt–baw (m.)
dirty–brwnt
disease–haint (m.) -heintiau
dish–dysgl (f.); plat (m.) -iau
do-gwneud
doctor–meddyg (m.) -on
dog–ci (m.) -cwn
don't–peidiwch; paid (to someone you know well)
door–drws (m.) -drysau
double–dwbwl
dozen–dwsin (m.) -au
drama–drama (f.) -ˆu
dress–gwisg (f.) -oedd; gwisgo (v.)
drink–yfed (v.); diod (f.)
drive–gyrru
driver–gyrrwr (m.) -gyrwyr
drop–diferyn (m.) -diferion; gollwng (v.)
drunk–meddw
drunkard–meddwyn (m.) -meddwon
dry–sych
dust–llwch (m.)

E

each–pob; each one–pobun; 6p each–chwe cheiniog yr un
ear–clust (f.) -iau
early–cynnar
earth–daear (f.); pridd (m.) *(soil)*
east–dwyrain (m.)
Easter–Y Pasg (m.)
easy–hawdd
eat–bwyta
egg–ŵy (m.) -au
elbow–penelin (m.) -oedd
electricity–trydan (m.); electricity board–bwrdd trydan
empty–gwag
end–diwedd (m.)
engage–dyweddïo *(to be married)*
engine–peiriant (m.) -peiriannau
England–Lloegr (f.)
English *(language)*–Saesneg (f.)
English–Seisnig
Englishman–Sais (m.) -Saeson: down with the English–twll tin pob Sais
enjoy–mwynhau
enough–digon; enough food–digon o fwyd enough beer–digon o gwrw
enquiries–Ymhoniadau
entrance–mynediad (m.) -au
envelope–amlen (f.) -ni
evening–noson (f.); noswaith (f.) -nosweithiau good evening–noswaith dda; this evening, tonight–heno
everyone–pawb, pobun; ever–byth; Wales for ever–Cymru am byth
everything–popeth
evil–drwg
excellent–ardderchog
except–heblaw
exhaust–blino (v.); carthbib (f.) *(pipe)*
exit–allan
expect–disgwyl
expensive–drud
eye–llygad (m.) -llygaid

F

face–wyneb (m.) -au
fair–teg (a.); ffair (f.) -ffeiriau; fair play–chwarae teg
fall–cwympo, syrthio
far–pell
fare–pris (m.) -iau
farm–fferm (f.) -ydd
fast–cyflym
fat–tew
father–tad (m.) -au
fear–ofn (m.) -au; I'm afraid–Mae ofn arna i/ rydw i'n ofni

feel—teimlo
fetch—nôl
fever—gwres (m.)
few—ychydig
field—cae (m.) -au
fill—llanw (m.)
film—ffilm (f.) -iau
find—darganfod *(discover)*; dod o hyd i; ffeindio
fine—braf (a.); dirwy (f.) -on
finger—bys (m.) -edd
finish—gorffen
first—cyntaf (a.); yn gyntaf (ad.)
fish—pysgodyn (m.) -pysgod; pysgota (v.)
floor—llawr (m.) -lloriau
flow—llifo
flower—blodyn (m.) -blodau
fog—niwl (m.) -oedd
foggy—niwlog
food—bwyd (m.) -ydd
foot—troed (f.) -traed
fork—fforc (f.) -ffyrc
forest—coedwig (f.) -oedd; fforest (f.) -ydd
fort—caer (f.) -au
fortnight—pythefnos (m.) -au
fortunate—ffodus
forwards—ymlaen
France—Ffrainc
free—rhad, am ddim *(for nothing)*; rhydd, Cymru rydd—free Wales
freedom—rhyddid (m.)
fresh—ffresh
fridge—oergell (f.) -oedd
frock—ffrog (f.) -iau
front—blaen; in front of—o flaen; in the front—yn y blaen
fruit—ffrwyth (m.) -au; fruit shop—siop ffrwythau
fry—ffrio; fried egg—ŵy wedi'i ffrio
full—llawn
fun—hwyl (f.) -iau
furniture—celficyn (m.) -celfi (celfi usually used)

G

gallery—oriel (f.) -au
gallon—galwyn (m.) -i
garage—modurdy (m.) -au; garej
garden—gardd (f.) -gerddi
garment—dilledyn (m.) -dillad
gas—nwy (m.) -on
gate—gât (m.) -iau
gear—gêr (m.) -iau
gents—dynion
Germany—yr Almaen
get—cael; get married—priodi; get up—codi get on (bus)—mynd ar; get off (clothes—dadwisgo
gift—rhodd (f.) -ion
girl—merch (f.) -ed
give—rhoi
glad—balch
glass—gwydryn (m.) -gwydrau
glove—maneg (f.) -menig
go—mynd; go for a walk—mynd am dro
golf—golff (m.)
gone—wedi mynd
gold—aur
good—da
good-bye—hwyl! ; hwyl fawr! Da boch!
got—gyda, 'da (I've got a car—mae car gyda fi), gan
grandfather—tad-cu (m.)
grandmother—mam-gu (f.)
grapes—grawnwin (plural)
grass—glaswelltyn (m.) -glaswellt (glaswellt usuall used)
grate—grat (m.) -iau
gravy—grefi (m.)
great—mawr
great!—gwych!
green—gwyrdd
grey—llwyd
grocer—groser (m.)
grow—tyfu
guard—gwarchod (v.); gard (m.)

H

hair—gwallt (plural)
hair dresser—trinydd gwallt (m.) -ion gwallt
half—hanner (m.); hanerwr (in football) first half—hanner cyntaf; second half—ail hanner; half cut—hanner caib
halfpenny—dime (f.) -iau
hall—neuadd (f.) -au; town hall—neuadd y dre
ham—ham (m.)
hand—llaw (f.) -dwylo
hand bag—bag llaw (m.) -iau llaw
handkerchief—hances (f.); neisied (f.) -i
handle—dolen (f.) -ni
happy—hapus
hard—caled
harp—telyn (f.) -au
hasten—brysio
hat—het (f.) -iau
hate—casâu
have—cael (v.)
he—e; fe
head—pen (m.) -au
health—iechyd (m.); good health—iechyd da
healthy—iach
hear—clywed
heart—calon (f.) -nau
heat—gwres (m.)
heater—gwresogydd (m.) -ion
heavy—trwm
hedge—perth (f.) -i
hell—uffern (f.); hell's bells! —uffern dân! (lit. hell's fire)
hellish—uffernol (used for awful)
help—helpu (v.); help (m.)
hen—iâr (f.) -ieir
her—hi (pr.); ei (her bag)
here—yma
herrings—penwaig (plural)
high—uchel
higher—uwch
highest—ucha
hike—cerdded, heicio
hill—bryn (m.) -iau
hole—twll (m.) -tyllau
holidays—gwyliau (plural)
home—cartref (m.) -i; home rule—ymreolaeth to go home—mynd adre; go home English—ewch adre, Saeson; at home—gartre
honey—mêl (m.)
hope—gobaith (m.) -gobeithion; gobeithio (v.)
horn—corn (m.) -cyrn
horse—ceffyl (m.) -au
hospital—ysbyty (m.) -ysbytai
hot—poeth
hot water bottle—potel dŵr poeth
hotel—gwesty (m.) -gwestai
hour—awr (f.) -oriau
house—tŷ (m.) -tai
how?—sut?
hundred—cant
hungry—llwgu
hurry—brysio
husband—gŵr (m.) -gwŷr

I

I—i, fi
ice—ia (m.): ice cream—hufen ia
idea—syniad (m.) -au
if—os
ill—sâl, tost
illness—clefyd (f.) -au
important—pwysig
in—yn, mewn; in a—mewn; in the—yn y inside—tu mewn; in the middle of—yng nghanol
influenza—ffliw (m.)
inn—tafarn (f.) -au; gwesty (m.) -gwestai
instrument—offeryn (m.) -nau
interesting—diddorol
invitation—gwahoddiad (m.) -au
invite—gwahodd
Ireland—Iwerddon
iron—haearn (m.) -heyrn
island—ynys (f.) -oedd
it—e (he), hi (she)
Italy—yr Eidal

J

jacket—siaced (f.) -i
jail—carchar (m.) -au; jail for the language—carchar dros yr iaith
jam—jam (m.) -au
job—swydd (f.) -i
journey—taith (f.) -teithiau; teithio (v.)
jug—jwg (m.) -iau
jump—neidio
jumper—siwmper (f.) -i

K

keep—cadw
keeper—gofalwr (m.) -gofalwyr
kettle—tegell (m.) -au
key—allwedd (f.) -i
kick—cicio (v.); cic (f.) -iau; free kick cic rydd
kind—caredig (a.); math (m.) -au
kiss—cusanu (v.); cusan (f.) -au

kitchen—cegin (f.) -au
knee—penlin (f.) -iau
knife—cyllell (f.) -cyllyll
know—adnabod (someone); gwybod (something)

L

label—label (m.) -i
ladies—menywod, merched
lake—llyn (m.) -noedd
lamb—oen (f.) -wyn
lame—cloff
land—tir (m.) -oedd; gwlad (f.) -gwledydd (country); land of my fathers—gwlad fy nhadau
language—iaith (f.) -ieithoedd; Welsh Language Society—Cymdeithas yr Iaith Gymraeg
large—mawr
last—olaf; diwethaf; para (v.); the last bus—y bws olaf; last month—mis diwethaf; last night—neithiwr; last year—llynedd
late—hwyr
laugh—chwerthin
lavatory—tŷ bach (m.) -tai bach
lean—pwyso (v.); tenau (a.)
learn—dysgu
learner—dysgwr (m.) -dysgwyr
least—lleia: at least—o leia
leave—gadael; ymadael â (a place)
left—chwith (direction); ar ôl—left over to the left—i'r chwith
lemon—lemwn (m.) -au
lemonade—lemwnâd (m.)
letter—llythyr (m.) -au
licence—trwydded (f.) -au
lid—caead (m.) -au
lie down—gorwedd
life—bywyd (m.) -au
lift—codi (v.); lifft (m.)
light—golau (m.) -goleuadau; ysgafn (a.)
light-house—goleudy (m.) -goleudai
like—hoffi (v.); fel (as)
lip—gwefus (f.) -au
lipstick—minlliw (m.) -iau
list—rhestr (f.) -au
litter—sbwriel (m.)
little—bach; a little—ychydig
live—byw; living room—ystafell fyw
loaf—torth (f.) -au
lonely—unig (before noun e.g. yr unig lyfr—the only book)
long—hir
look—edrych
look after—edrych ar ôl
lorry—lori (f.) -iau
lose—colli
lot—llawer
love—caru (v.); cariad (m.) -on
lovely—hyfryd
low—isel
lucky—lwcus
luggage—bagiau (plural)
lunch—cinio (m.) -ciniawau

M

machine—peiriant (m.) -nau
mad—gwallgo
magazine—cylchgrawn (m.) cylchgronau
magistrate—ynad (m.) -on
maid—morwyn (f.) -morynion
make—gwneud
man—dyn (m.) -ion; gŵr (m.) -gwŷr
manager—rheolwr (m.) -rheolwyr
many—llawer; many people—llawer o bobl
map—map (m.) -iau
market—marchnad (f.) -oedd
marmalade—marmalâd (m.)
marry—priodi
matches—fflachiau (pl.); box of matches—blwch o fflachiau
matter: what's the matter—beth sy'n bod there's no matter—does dim ots
meal—pryd (m.) -au
meat—cig (m.) -oedd
melon—melon (m.) -au
menu—bwydlen (f.) -ni
message—neges (f.) -oedd
middle—canol (m.); in the middle of—yng nghanol
mile—milltir (f.) -oedd
milk—llaeth (m.)
minute—munud (m./f.) -au
mirror—drych (m.) -au
miss—colli (v.)
mist—niwl (m.) -oedd
misty—niwlog
mix—cymysgu
mix up—cawl (m.) (lit. soup)
money—arian (m.)
month—mis (m.) -oedd
moon—lleuad (f.) -au
more—mwy; more food—mwy o fwyd
morning—bore (m.) -au: good morning—bore da
most—mwya; most beautiful—mwya pert most of the cars—y rhan fwya o'r ceir
mother—mam (f.) -au
motorway—traffordd (f.) -traffyrdd
mountain—mynydd (m.) -oedd
mouth—ceg (f.) -au
move—symud (v.)
much—llawer; how much? —faint?
museum—amgueddfa (f.) -amgueddfeydd
must—rhaid; I must—rhaid i fi
mustard—mwstart (m.)
my—fy, 'y

N

naked—noeth, porcyn
name—enw (m.) -au
narrow—cul
nasty—cas
nation—cenedl (f.) -cenhedloedd
national—cenedlaethol
nationalist—cenedlaetholwr (m.) -cenedlaetholwyr
naughty—drwg
next—nesa; next door—drws nesa
never—byth
new—newydd
news—newyddion; news agent—siop bapurau; news paper—papur newydd
nice—neis, hyfryd
nickers—trôns (pl.)
night—nos (f.) -weithiau; good night—nos da; tonight—heno; tomorrow night—nos yfory; last night—neithiwr
night-dress—gwisg nos (f.) -oedd nos
no—na
noise—sŵn (m.) -au
noisy—swnllyd
north—gogledd (m.)
nose—trwyn (m.) -au
not—ddim; not at all—ddim o gwbl
nothing—di, dim byd
now—nawr
nurse—nyrs (f.) -ys
nylonds—sanau neilon (pl.)

O

o'clock—o'r gloch
of—o
off—i ffwrdd, bant
office—swyddfa (f.) -swyddfeydd booking office—swyddfa docynnau
often—yn aml
oil—olew (m.) -on
old—hen
on—ar
once—unwaith
onions—wynwns (pl.)
only—yn unig, dim ond, yr unig; the only place—yr unig le; only ten—deg yn unig/dim ond deg
open—agor (v.); ar agor (on signs)
opera—opera (f.) -u
or—neu
orange—oren (f.) -nau
orchestra—cerddorfa (f.) -cerddorfeydd
other—arall; the other one—y llall; others—lleill
ounce—owns (m.)
our—ein
oven—ffwrn (f.) -ffyrnau
over—dros; the film is over—mae'r ffilm drosodd

P

pack—pacio (v.)
pain—poen (f.) -au
paint—paent (m.) -iau; paentio (v.)
pants—trôns (pl.)
paper—papur (m.) -au
parcel—parsel (m.) -i
parents—rhieni (pl.)
park—parc (m.) -iau; parcio (v.)
parliament—senedd (f.) -au
parsnips—pannas (pl.)
pass—pasio, mynd heibio i; estyn (bread etc)
passenger—teithiwr (m.) -teithwyr
paste—past (m.); tooth-paste—past dannedd

path–llwybr (m.) -au; public footpath–llwybr cyhoeddus
pavement–pafin (m.)
pay–talu (v.); tâl (m.) -iadau
peas–pys (pl.)
peach–eirin gwlanog (pl.)
pedal–pedal (m.) -au
pedestrian–cerddwr (m.) cerddwyr
pen–ysgrifbin (m.)
penalty–cic gosb (f.) -iau cosb
pencil–pensil (m.) -ion
penny–ceiniog (f.) -au
pepper–pupur (m.)
perfume–persawr (m.) -au
perhaps–efallai
person–person (m.) -au
petrol–petrol (m.)
phone–ffonio (v.); ffôn (m.) -iau
picture–llun (m.) -iau; darlun (m.) -iau
pig–mochyn (m.) -moch
pillow–clustog (f.) -au
pink–pinc
pint–peint (m.) -iau
place–lle (m.) -fydd/oedd
plane–awyren (f.) -nau
plate–plât (m.) -iau
platform–platfform (m.)
play–chwarae (v.); drama (f.) -âu
player–chwaraewr (m.) -chwaraewyr
please–os gwelwch yn dda; plesio (v.)
pleased–balch
plug–plyg (m.) -iau
plumb–eirinen (f.) -eirin
pocket–poced (m.) -i
poet–bardd (m.) -beirdd
pole–polyn (m.) -polion
police–heddlu (m.)
police station–swyddfa'r heddlu
policeman–plismon, heddwas, slob (slang)
pork–porc (m.)
poor–tlawd
pop–pop (m.)
porter–cludydd (m.) -cludwyr; porter (m.) -iaid
porridge–uwd (m.)
post–post (m.); postio (v.): Post Office–Swyddfa'r Post
pot–pot (m.) -iau
potatoes–tatws (pl.)
pottery–crochenwaith (m.)
preach–pregethu
preacher–pregethwr (m.) -pregethwyr
prefer–(g)well gyda; I prefer–mae'n well gyda fi
prepare–paratoi
present–anrheg (m.) -ion; rhodd (f.) -ion; presennol (m.) (time); at present–ar hyn o bryd, nawr
pretty–pert, tlws
price–pris (m.) -iau
priest–offeiriad (m.) -offeiriaid
programme–rhaglen (f.) -ni
promise–addo (v.); addewid (m.) -ion
proud–balch
pub–tafarn (f.) -au
public–cyhoeddus
pudding–pwdin (m.)
pull–tynnu
pullover–siwmper (f.) -i
pump–pwmp (m.) -iau
purple–piws
purse–pwrs (m.) -pyrsau
put–rhoi, dodi, gosod
pyjamas–dillad nos (pl.); gwisg nos (f.)

Q

quarrel–ffraeo (v.); cweryla (v.)
quarter–chwarter (m.) -i
queen–brenhines (f.) -au
question–cwestiwn (m.) -cwestiynau
queue–cwt (m.)
quick–cyflym
quickly–yn gyflym
quiet–tawel
quiz–cwis (m.)

R

race–râs (f.) -ys
rack–rhac (f.) -iau
radio–radio (m.)
railway–rheilffordd (f.) -rheilffyrdd
rain–glaw (m.) -ogydd; bwrw glaw (v.)
raise–codi
razor–llafn (f.) -au
reach–cyrraedd
read–darllen
ready–parod (a.); yn barod (ad.)
receive–derbyn
recite–adrodd
recognise–nabod
record–record (f.) -iau
recover–gwella
red–coch
remain–aros (v.); ôl (m.) -ion
remember–cofio
rent–rent (m.) -i
reserve–cadw; reserved seat–sedd gadw
rest–gweddill (m.) -ion (remainder); gorffwys (v.)
return–dychwelyd
rich–cyfoethog
rice–reis (m.)
right–iawn (correct); y dde (direction) to the right–i'r dde
ring–modrwy (f.) -on (on finger); cylch (m.) -oedd (circle)
river–afon (f.) -ydd
road–heol (f.) -ydd; main road–heol fawr
rock–craig (f.) -iau
roll–rholyn (m.) -rholiau
Rome–Rhufain
room–stafell (f.) -oedd
rope–rhaff (f.) -au
rose–rhosyn (m.) -nau
rugby–rygbi
ruin–adfail (m.) -adfeilion
run–rhedeg

S

sad–trist
sail–hwylio (v.); hwyl (f.) -iau
saint–sant (m.) -saint
salad–salad (m.) -au
sale–gwerthiant (m.) -gwerthiannau; for sale–ar werth
salmon–eog (m.) -iaid
salt–halen (m.)
sand–tywod (m.)
sandal–sandal (m.) -au
sandwich–brechdan (f.) -au
sauce–saws (m.)
sausage–selsigen (f.) -selsig
say–dweud
scarff–sgarff (m.)
school–ysgol (f.) -ion
scissors–siswrn (m.) -sisyrnau
score–sgôr (m.); sgorio (v.)
Scotland–Yr Alban
screen–sgrin (m.)
sea–môr (m.) -oedd
seat–sedd (f.) -au
second–eiliad (m.) -au
secretary–ysgrifennydd (m.) -ysgrifenyddion: ysgrifenyddes (f.) -au
see–gweld
self–hun
sell–gwerthu
selves–hunain
send–anfon, hala
sermon–bregeth (f.) -au
set– set (m.) -iau
sex–rhyw (f.)
shave–eillio
she–hi
sheep–dafad (f.) -defaid
sheet–cynfasen (f.) -cynfasau
shilling–swllt (m.) -sylltau
shirt–crys (m.) -au
ship–llong (f.) -au
shit–cachu (v. & m.)
shoe–esgid (f.) -iau
shop–siop (f.) -au
short–byr
shoulder–ysgwydd (f.) -au
shovel–rhaw (f.) -rhofiau
show–dangos (v.); sioe (f.) -au
shower–cawod (m.) -ydd
shut–cau (v.); ar gau (closed)
side–ochr (f.) -au
sign–arwydd (m.) -ion; llofnodi
silver–arian
sing–canu
singer–canwr (m.) -cantorion
sister–chwaer (f.) -chwiorydd
sit–eistedd; sitting room–ystafell fyw, lolfa
size–maint (m.) -meintiau
skin–croen (m.) -crwyn
skirt–sgert (m.) -iau
sky–awyr (f.)
slate–llechen (f.) -llechi
sleep–cysgu (v.); cwsg (m.); sleeping bag–sach gysgu
slip–llithro (v.)
slow–araf
small–bach
smaller–llai
smallest–lleia
smell–arogli (v.); gwynto (v.); arogl (m.) -au
smile–gwên (f.) -au; gwenu (v.)
snow–eira (m.); bwrw eira (v.)

so—felly
soap—sebon (m.)
soccer—pêl-droed (f.)
society—cymdeithas (f.) -au
sock—hosan (f.) -au
sofa—soffa (m.)
someone—rhywun (m.) -rhywrai
sometimes—weithiau
somewhere—rhywle
son—mab (m.) -meibion
song—cân (f.) -caneuon
soon—buan (a.); yn fuan (ad.)
sound—sŵn (m.) -iau
soup—cawl (m.)
speak—siarad
special—arbennig
spectacles—sbectol (f.); gwydrau (pl.)
speed—cyflymder (m.)
spend—gwario (money); treulio (time)
spirit—hwyl (f.) -iau (fun); ysbryd (m.) -ion (ghost); gwirod (m.) -ydd (drink)
spoon—llwy (f.) -au
spring—gwanwyn (m.) (season); sbring(m.) -iau
square—sgwar (m.) -iau
stage—llwyfan (m.) -nau
stairs—grisiau (pl.)
stall—stondin (f.) -au
stamp—stamp (m.) -iau
start—dechrau
station—gorsaf (f.) -oedd
stay—aros
stockings—hosanau (pl.)
stomach—bol (m.) -iau; stumog (f.) -au
stone—carreg (f.) -cerrig
stop—aros; bus-stop—arosfan (f.)
storm—storm (f.) -ydd
story—stori (f.) -au
stove—ffwrn (f.) -ffyrnau
strawberries—mefus (pl.)
stream—nant (f.) -nentydd
street—stryd (f.) -oedd; high street—stryd fawr
strong—cryf
sugar—siwgr (m.)
suggest—awgrymu; cynnig
suit—siwt (f.) -iau; suit-case—cês dillad
summer—haf (m.)
summit—copa (m./f.) -on
sun—haul (m.)
sunbathe—torheulo, bolheulo
supper—swper (m.) -au
sure—siŵr
swear—rhegi
sweet—melys
sweetheart—cariad (m.) -on
swim—nofio
switch—swits (m.) -ys
Switzerland—Y Swistir

T

table—bwrdd (m.) -au, bord (f.) -ydd
tackle—offer (pl.); taclo (v.); tacl (m.) (rugby)
take—cymryd; mynd â (go with); take a picture—tynnu llun
talk—siarad
tall—tal
tank—tanc (m.) -iau
tap—tap (m.) -iau
tart—tarten (f.)
taste—blase (v.); **blas (m.)**
tasty—blasus
taxi—tacsi (m.)
tea—te (m.)
teach—dysgu
teacher—athro (m.) -athrawon; athrawes (f.) -au
team—tim (m.) -au
teapot—tebot (m.)
tease—poeni
telegram—brysneges (f.) -au
telephone—teliffôn (m.); ffonio (v.)
tennis—tenis (m.)
temperature—tymheredd (m.); gwres (m.) illness
tent—pabell (f.) -pebyll
thanks—diolch
that—hwnnw (m.a.), honno (f.a.); bod (I know *that. .*); **y bydd (with future)**
theatre—theatr (f.) -au
their—eu
them—nhw
these—rhain (pl.); hyn (a.)
they—nhw
thin—tenau
thing—peth (m.) -au; something—rhywbeth
think—meddwl
thirst—syched (m.); I'm thirsty—mae syched arna i
this—yma, hwn (m.a.), hon (f.a.); this one—hwn (m.), hon (f.)
thousand—mil
throat—gwddf (m.) -gyddfau
throw—taflu
ticket—tocyn (m.) -nau
tide—llanw (m.)
tie—tei (m.); clymu (v.)
time—amser (m.) -au; what's the time?—beth yw'r amser?
timetable—amserlen (f.) -ni
tire—blino
tired—wedi blino, blinedig
toast—tost (m.); tostio (v.)
tobacco—tybaco (m.), baco (m.)
toe—bys troed (m.) -bysedd traed
toilet—tŷ bach (m.) -tai bach: toilet paper—papur tŷ bach
tomato—tomato (m.) -tomatau
tomorrow—yfory, fory
tongue—tafod (f.) -au
tonight—heno
too—rhy
tool—offeryn (m.) -offer
tooth—dant (m.) -dannedd: I've got toothache—mae'r ddannodd arna i
tower—tŵr (m) -tyrau
town—tre (f.) -fi
toy—tegan (m.) -au
traffic—trafnidiaeth (f.); traffic lights—goleuadau (trafnidiaeth)
train—trên (m.) -au
transport—cludiant (m.), cludo (v.)
travel—teithio
treble—trebl
tree—coeden (f.) -coed
trousers—trwser (m.) -i
trout—brithyll (m.)
tune—alaw (f.) -on, tôn (f.) -au
tunnel—twnnel (m.) -twnelau
turkey—twrci (m.) -od
turn—troi (v.); tro (m.) -eon
tweed—brethyn (m.); Welsh tweed—brethyn Cymru
twenty—ugain, dau-ddeg
twice—dwywaith
tyre—teiar (m.) -s

U

ugly—salw, hyll,
umbrella—ymbarêl (m.)
uncle—ewythr (m.) -ewyrth
understand—deall
unfortunately—yn anffodus
upstairs—lloft (f.) -ydd; go upstairs—mynd lan llofft

V

vale—pant (m.) -iau; cwm (m.) -cymoedd
valley—cwm (m.) -cymoedd
value—gwerth (m.) -oedd
vegetables—llysiau (pl.)
vehicle—cerbyd (m.) -au
very—iawn (follows a.)
village—pentre (m.) -fi
vinegar—finegr (m.)
voice—llais (m.) -lleisiau

W

wait—aros; no waiting—dim aros
waiting room—ystafell aros (f.) -oedd aros
waiter—gweinydd (m.); gweinyddes (f.) -au
wake—deffro
Wales—Cymru; Parliament for Wales—Senedd i Gymru
walk—cerdded; go for a walk—mynd am dro
wall—wal (f.) -iau, mur (m.) -iau
want—eisiau, moyn; I want—rydw i'n moyn
wardrobe—cwpwrdd dillad
warm—twym, cynnes
wash—golchi, ymolchi (wash oneself)
wash basin—basn ymolchi (m.)
water—dŵr (m.) -dyfroedd
water falls—rhaeadr (f.) -au
watch—oriawr (f.) -oriorau: gwylio (v.)
wave—ton (f.) -nau
way—ffordd (f.) -ffyrdd; one way—un ffordd
weak—gwan
wear—gwisgo
weather—tywydd (m.)
wedding—priodas (f.) -au
week—wythnos (f.) -au
Welsh—Cymraeg (language); Cymreig (a.)
Welshman—Cymro (m.) -Cymry
Welshwoman—Cymraes (f.)
wet—gwlyb (a.); gwlychu (v.)
what?—beth?; what's the matter?—beth sy'n bod?
wheel—olwyn (f.) -i
when?—pryd?
where?—ble?

which?–pa?
white–gwyn
Whitsun–Sulgwyn (m.)
why?–pam?
wide–llydan
wife–gwraig (f.) -gwragedd
will–bydd (3rd person of v.); ewyllys (f.)
win–ennill
wind–gwynt (m.) -oedd
window–ffenest (f.) -ri
wine–gwin (m.) -oedd; wine list–rhest win
winter–gaeaf (m.) -oedd
wish–dymuno (v.); dymuniad (m.) -au
best wishes–dymuniadau gorau, cofion gorau
woman–menyw (f.) -od
wood–pren (m.) -nau
wool–gwlan (m.)
word–gair (m.) -geiriau
work–gwaith (m.) -gweithfeydd; gweithio (v.)
world–byd (m.)
worse–gwaeth
worst–gwaetha
wound–clwyf (m.) -au
write–ysgrifennu; writing paper–papur ysgrifennu

Y

year–blwyddyn (f.) -blynyddoedd; blynedd (after numbers)
yellow–melyn
yes–ie, oes, ydy, ydyn etc (see grammar)
yesterday–ddoe
young–ifanc
you–chi
your–eich
Youth Hostel–Hostel Ieuenctid

Language books, cookbooks, songbooks, art books, guide books. . .